学生がキャリアアップするための

インターンシップ活用術

How to utilize internships

普通の学生を
昇華させる
唯一無二の
就活ルート

MAVIS PARTNERS株式会社
トテ ジェニファー麻綾 Tote Jennifer Maaya

SOGO HOREI PUBLISHING CO., LTD

はじめに

「インターンってどんなもの？」
「実際のところ、インターンってやる意味ある？」
「就活のことは先輩に聞いたけど、人によって言っていることが違いすぎる」
「受験や部活と違って、誰からの指針もないのにどうやって進めるの？」

このような、インターンをはじめとする就活への漠然とした疑問は、いつの時代も学生のストレスの種になり得る。

講義、考査、研究、部活、サークル、バイトとせわしない日々を送り続ける中で、突如として登場してくる就活。催し物としてはヘビーすぎる存在にもかかわらず、情報収集や選考対策にかけられる時間は限られている。

そこで、少しでも効率的に新卒切符を手にするべく、手探り状態で行動を開始する前に、あるべき姿をイメージすることの重要性を提案したい。

私は2024年3月に大学を卒業予定の大学4年生、現在22歳だ。

私の大学生活はインターンそのものといっても過言ではない。高校3年生から長期インターンをはじめているため、大学を卒業するころには約4年半にわたりインターン生活を歩んだことになる。

本書を執筆するにあたり、全面的に監修、サポートをしていただいたのは、大学1年生の秋ごろに入社をさせていただいたMAVIS PARTNERS株式会社である。

(※本書では、以降MAVIS PARTNERS株式会社の略称としてMAVISを用いる)

入社当時、コンサルティング会社のインターンは未経験であったが、M&A分野や戦略分野を大々的にかかげていることや、面接を通し、社員の人柄に惹かれたことで、直感的に「この会社でできるところまで頑張ってみたい」と思った。

本書は、約4年半にわたる私のインターン経験をもとに、インターンシップ、特に〝長期〟インターンに焦点を当てた、一種のマニュアルのような位置づけの一冊だ。もう少し特定の言い方をすると、**インターンシップ大全**という表現が近しい。**「とりあえずインターンに参加しておけば安泰!」といった〝楽〟を援護する話でもなければ、「インターンに行けば就活は大**

成功！」というようなキラキラエピソードだけを盛り込んでいるものでもない。

どんな勤務先を選ぶべきなのか、何をすれば選考を通過できるのか、また、入社後に活躍する学生の特徴からインターンでの成果を就活に紐づける方法まで、ギュギュっと順を追って解き明かしていく。そこには、インターンを基軸に就活を進めた先輩方のリアルな声や、大変だったこと、つらかったこと、あまり声を大にして言えないことなどネガティブな面も含まれている。

某SNSをちらちらと見ていると、「大学が就活予備校と化していて、学生の活動が就活ありきになるのはいかがなものか？」という意見を目にすることがある。これをいいと思うか悪いと思うかは、個人によって異なるだろう。しかし、納得のいく就活をするには、学生時代に本気で何かに打ち込んだ経験が必要だ。中でもレア度が高く、ビジネスに結びつけやすい経験が必須である。

長期インターンはその代表格であり、就活のためにするという側面を持ちながら、就活以外にも役に立つという二面性がある。つまり、**長期インターンは就活に活用できる存在であるにもかかわらず、就活予備校という枠組みだけにはおさまりきらないほどの経験が積めるのだ。**

本書は、M&A戦略コンサルティング会社であるMAVISで経験したインターンのさまざまな出来事やそこから得たノウハウ、OB・OGへのインタビューがベースとなり話が展開される。

しかし、特定の業界に限定した話はほとんどない。コンサルティング会社やM&A関連会社が気になる学生はもちろんのこと、そうでない学生も希望する企業からの内定を獲得するために、一人の社会人としていいスタートダッシュを切るために、全学生に読んでほしい内容だ。

取扱説明書を一冊持っていれば、時に迷うことはあれども、機械操作に対する不安は解消されるだろう。同じように、本書を通じて、インターンや就活へのわだかまりをなくす力添えができれば喜ばしい。

目次

第2章

仕事に必要なスキルを身につける

第3章

成功への道のり

インターンシップを起点にキャリア戦略を立てる

第4章

インターンシップの成果をアピールする

第5章 就活を成功させたインターン経験者へのインタビュー

本文デザイン・DTP：横内俊彦
装丁：木村勉
イラスト：田渕正敏
校正：新沼文江
編集：市川純矢

本書の内容は、2023年10月1日時点の情報をもとに構成されています。

第1章

成功への
第一歩

学生が企業の門を叩く

学生はすぐにでも長期インターンに参加したほうがいい

一流企業への入社を望むなら長期インターンは必須？

どこにでもいる普通の学生でも、本気で長期インターンをすれば外資系金融や外資系コンサル、外資系メーカー、日系大手などのキラキラの一流企業に入社できる。

これは嘘のような本当の話だ。本の表紙にもある〝キャリアアップ〟という言葉を聞くと、「学生なのにキャリアアップ？　キャリアアップをするのは社会人になってからではないの？」と考えるかもしれない。

しかし、これはなんらおかしなことを言っているわけではない。なぜなら**多くの学生は、長期インターンで鍛錬をすれば、いまの自分では到底手が届かないと思うような企業へも入社できるからだ。**それこそが学生のキャリアアップであり、最も再現性が高く、一流企業への入社を手繰り寄せる方法だと確信している。
（※本書では、インターンシップの略称としてインターンを用いる）

近頃はインターンに参加する学生が多いこともあって、なおさらこの内容が作り話のように聞こえるかもしれない。しかし、**多くの学生がスタンプラリーのように参加することに意義を見いだしているインターンと、勤め上げるという経験によって新しい未来を描けるインターンとでは全くわけが違う。**

どんな企業にどういった意図をもって、どれぐらいの期間勤めたのか。また、勤務先では何を工夫して、どんな成果を上げ、それをどのように就活や今後の人生の糧にするのか。それぞれにテクニックやノウハウがあり、実践する価値があると思っている。

この本は大企業に入りたい学生、入りたい企業はあるけれど何をしたらよいか分からない学生、大学に入ってから時間を持て余している学生など、現状ないしは未来に退屈や不安を感じている全ての学生に向けたものだ。彼らに未来への可能性を最大化するための最善解を伝えるものでありたいと思っている。いわば本書は、インターンを通して夢を叶えるためのロードマップのような存在だ。すでに数々の経験をして就活の準備は十分という人も、まだ大学に入学

したばかりという人も、ぜひ本書に書いてあることを実践してみてほしい。きっと未来が上振れるはずだ。

大企業の短期と長期、ベンチャー企業の箔が付くのはどっち？

インターンと聞いてどのようなことをイメージするだろうか？

自分の親世代ではインターンという活動は今ほどメジャーなものではなかったと聞く。しかし、近年は学生の間で、特に就職活動の時期になるとひんぱんにこの言葉を耳にするようになった。

広辞苑によれば、インターンとは〝学生が一定期間企業内で仕事を体験すること。また、そ

の制度〞という定義がなされているが、個人的には、〝学生が3カ月以上の長期間にわたり、企業内で実践的な職業体験をすること〞という表現のほうがしっくりくる。

そもそも、インターンには短期と長期の2種類がある。

短期インターンとは、言葉の通り数日から数週間程度で行われることが多く、学生の長期休暇に合わせて実施されるケースが目立つ。

また、短期インターンが就職活動の選考プロセスに組み込まれているケースもあり、実施形態は多種多様だ。決して短期インターンを非難するわけではないが、企業によってはインターンというよりも会社説明会に近いものも見受けられる。

一方で、長期インターンは、数カ月から半年以上の期間で行われることが多く、より実務に近い業務の一部を担当する形だ。中長期的に勤務することが前提となるため、すぐに正社員の横に座りながら業務に携わることになる。

以降で話を展開していくにあたり、この短期と長期の2種類あるインターンのうち、本書では長期インターンに焦点を当てて話を進めていきたい。というのも、〝キャリアアップするためのインターンシップ活用術〞と題している以上、〝実務に即した〞という点がポイントにな

るからだ。

仮に、ある企業が短期、長期の両方でインターンを実施した場合に、短期インターンで得られることは長期インターンでも得られる可能性が高いが、長期インターンで得られることを短期インターンで網羅的に得ることは難しいように思う。

大企業が行っている、実践的な内容を伴わない名ばかりの短期インターンで満足してしまうよりも、ベンチャー企業の実務に携わる長期インターンに参加するほうが、経験値の向上や、就職活動の際にプラスになる。

(※以降ではインターン＝長期インターンを指すこととし、短期インターンと比較がなされる際には長期インターンという言葉を用いる)

〝学生だからこのタスク〟という決まりはない

では、実際にインターンではどんな仕事が任されるのだろうか。

私がインターンをしているコンサルティング会社を例に挙げると、インターンはプロジェクト[※1]にアサインされ、正社員からの指針のもとで、戦略[※2]／M&Aコンサルティングのサポート業務全般、おもに財務分析、簡易[※3]Valuation、市場リサーチ・個社リサーチ、資料作成を担当する。

　これは新卒1~3年目のアナリスト[※4]が担う仕事と同様のタスクだ。過去には名刺を持ち、プロジェクトご提案の場に参加する機会やクライアントに提言をさせていただく機会もあった。

　もちろん、入社してすぐに難易度の高いタスクを振られるわけではない。はじめはひんぱんに社員の方からフィードバックをいただきながら、徐々にできることが増えていく。作業的なタスクはほとんどなく、考えて考えて考える、という内容が多い。

　〝学生はできることが限られている〟というニュアンスを感じることや、「インターンだからこの仕事をお願いします」と言われるような状況になったことは一度もない。むしろこの状況は真逆で、**アウトプットを評価してもらえれば、タスクの幅はどんどん広がっていく。要するに、学生であってもパフォーマンスを認められさえすれば、任せてもらえることはいくらでもある。**

　ほかにも周りを見ていると、WEB系の会社で要件定義から納品後の保守まで一連の業務をリードしている学生や、広告会社の営業のポジションでメーカーから案件を取ってくる学生など、いたるところで学生とは思えないような活躍をしているインターン生がいた。

私自身、そういった企業内で一目置かれるようなインターン生を目の当たりにして、「次はもっと難しい案件に挑戦してみたい」、「この資料はなんとしても上司からクリアをもらってクライアントに提示したい」というような刺激を幾度となく受けた。

1つだけ注意しなければならないのは、企業によっては学生に雑用ばかり振ってくるというケースがあることだ。ゆえに、企業選びもまたインターンをする上でkeyになってくる。この企業選びについての詳細は、続く見出しで触れていく。

※1　アサイン　仕事を割り当てる、あてがう

※2　戦略／M&Aコンサルティング　経営課題を解決する手段のひとつとしてM&Aを位置づけた、M&Aを活用した戦略立案を行う会社

※3　簡易Valuation　簡略的に企業価値を算出し評価すること

※4　アナリスト　コンサルティング会社で入社1~3年目の若手が就く役職。新卒や第二新卒をはじめ、コンサルタントとしてのキャリアはアナリストからスタートすることが多い。ただし、役職の呼称は企業によって異なる場合がある

自己分析から
インターンシップをする目的をクリアに

インターンシップを選ぶ基準は何を得たいのかによって変わる

いざインターンに参加しようと思っても、ネット上にはさまざまな企業が無数に並んでいて、何を軸に企業選定をしたらよいのか分からないということがよくある。

【長期インターン　応募】と検索してみると、人材会社の広告がいくつも出てきたり、結局エージェントのコラムを読むだけで終わってしまったり、なかなか意図したようにサクサク調べて応募するのは難しい。

特に、インターン斡旋を専門とするエージェントのページにたどり着いた日には、登録した連絡先へと大量にインターン紹介メールが流れてきたり、キャリアカウンセラーとの面談を何度も打診されたりと、ただ調べているだけでも初見の学生は混乱してしまう。

インターンを選ぶ上では、この〝エージェント〟という存在を理解しておく必要がある。彼らはインターンに関心がある学生を、インターン生を採用したい企業に斡旋することで企業側からお金をいただいている。もちろん、学生と親身に向き合ってくれるエージェントも存在する。しかし、彼らはあくまでも営利企業のため、企業側に学生を送り続けなければ事業が成立しない。

一度もインターン経験のない学生がうまいこと話にのせられてしまえば、とんとん拍子に彼らにとって都合のいい企業を紹介されるだろう。それが最善の選択であればいいのだが、エージェントのカモにされたり、不本意な企業選択をしたりしないためには、自分自身でインターンを選ぶ軸を設けることが大切になる。

インターンを選ぶ軸は、インターンを経験することで何を得たいのかによって変わるため、インターン経験の先にある「どのような自分になりたいか」を明確にすることからはじまる。

「将来は営業として活躍したいので、ビジネスマナーや営業のお作法を身につけたい」という学生と、「新卒でコンサルティング会社に就職したいので、同業他社で勤務することでコンサルタントの業務を肌で感じたい」という学生ではインターンを選ぶ基準は全く異なる。

これを自分の中ではっきりと言語化することが、「どのような自分になりたいか」というところにつながる。では、この〝なりたい自分〟というのはどうしたら見つけられるのだろうか。

自分も知らない自分を見つけることが自己分析のゴール

学生とはいえ20年近く生きてきているのだから、「今さら自分について何を考えるのか」と思うこともあるだろう。しかし、実際に手と頭を動かして自己分析をしてみると、自分のことは自分が一番知っているようで、思いの外ペンが進まないことが分かる。

印象的な出来事は覚えていても、そのときに何を感じていたのか、日常的にはどんなことが好きだったのかなど、思い出そうとしても、出てきそうでなかなか出てこないことが多々ある。

それまでの人生の中で数回あるかないかというような、インパクトのあった出来事だけをさかのぼるのではなく、日常の中で下した決断やささいな感情の動きを思い起こすことが本当の意味で自分を知ることにつながるはずだ。

私のおすすめは、時系列的に自分がこれまで何をしていて、どのような気持ちだったのかを書いていく方法だ。つまるところ、〝自分の歴史を振り返る〟ことにあたる。

それを踏まえて、なぜインターンをしようと思ったのか、どのような経験や感情が自分を今

回の行動へ駆り立てたのかを整理する。

次に現在の自分について考える。今の自分はどんなことに興味があり、どのような行動を起こしているのかを一貫性を持って洗い出してみる。例えば、図画工作や音楽の授業が好きで、昔からクリエイター気質であったことが思い起こされたとしよう。そこから、現在は映像制作に興味があり、動画編集の勉強をしていることにつながっていることが分かった、といった具合だ。そうすると、自然と何に興味を持って生きてきたのかが明確になってくる。

そのほかに、上図のジョハリの窓のようなテンプレートを用いたり、大学のキャリアセンターなどに置いてある自己分析シートを使い、友人や家族に「私ってどんな人？」と聞いてみ

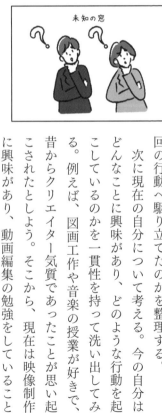

たりするのも有効な方法だ。

いずれにしても、過去の経験から自身の興味・関心の対象を明確にし、現在の自分と照らし合わせながら、自己理解に努める必要がある。その過程で、「これまではスポーツをすることにしか興味がなかったけど、時には試合を定量的に分析していたし、意外とデータを扱う仕事に向いているのかも」といった具合で、〝新しい自分〟を見つけられれば、自分も知らない自分が見つけられたといえるはずだ。

インターンは現状と理想のギャップを埋めるひとつの手段にすぎない

この本では、総括して〝学生はキャリアアップのためにインターンに参加するべき〟ということを伝えていく。しかし、本節では自分の目指す姿やインターンで得たいことが不明確なまま適当にインターンに参加するのは避けるべき、ということを強調したい。

自己分析をし、自分の興味・関心の対象をクリアにし、中長期的にありたい姿を考えたことで自分の将来像まで見えていたとしても、何から何までインターンに参加することありきで考えてしまうのは本望ではない。

逆にいうと、**インターンは「こんな自分になりたい」を達成するための方法のひとつであって、その方法がほかにもあるのであれば、それらと比較・検討をしながらインターンに参加するかどうかを決めるべきだ。**

一番避けるべきなのは、インターンをすること自体が目的になってしまうことだ。とりあえず参加しなきゃと思っていると、このような状況が起こる。

もちろん、これまで経験したことのないことに挑戦してみる、後先考えずに思いっきりやってみる、といった時間も大切なのかもしれないが、インターンに限っていえば、〝参加しただけ〟に意味はない。

「入社するだけしてみて、後から考えればいいのでは?」と思う人もいるかもしれないが、入社する前から考えている人と、手探り状態でそーっと進んでいる人とでは、同じタスクをこなしていても見ている景色や視座の高さがまるで違う。

特に、学部2年生の後半や3年生ぐらいになってくると就活までの時間が限られてくるため、その焦りから受かった企業のインターンになんとなく行くというケースを見かけることがある。

もっとも、学部1年生や2年生の前半といった早い段階からインターンを検討しはじめれば、時間的な猶予に関する心配は格段に少なくなる。

だからこそ、**インターンをすること自体を目的としないためにも、早くから動き出す必要がある。**

「先輩にまだやらなくて大丈夫と言われたから」、「学校の友達はまだ何もしてないから」などのように、**やらない理由を探すことをやめ、他人は他人、自分は自分と割り切る気持ちを持つべきだ。**

企業選びのポイント

雑務ではなく実務に即したタスクができる企業

P16「〝学生だからこのタスク〟という決まりはない」の項目にて、企業選びもまたインターンをする上でkeyとなること、雑用のような仕事ばかりを学生にお願いする企業もあることについて少し触れたが、ここではこの点についてもう少し深掘りをしていきたい。

私の中では、インターンにとって雑用ないしはそれに類似する内容は、デスク周りの掃除やコピー取り、書類整理など当該の職種ではなくてもいいようなタスクしか任されず、さらにいえば無給である場合がそれにあたる。

もちろん、企業としても右も左も分からない学生に入社してすぐに重めのタスクを振ることは避けるだろうが、**いつになっても雑用じみた仕事しか与えられない場合は、インターンとい**

うよりアルバイトに来ている感覚に近いものになってしまう。

もっと重大なのは、無給でインターン生を募集している企業だ。インターンの給与形態は時給制がメインの企業や、インセンティブがメインの企業など業界・業種によって傾向が変化し、当然、各企業によって異なる。

肌感覚としては時給制の企業が多いように感じるが、いずれにしても定期的に実務的なタスクをこなしているにもかかわらず、後にも先にも一切学生に給与を支払う気がない企業は避けるべきだ。

ただ、短期インターンの場合には、短期間で実務を経験し、成果を上げることが環境的にも難しいため無給である場合がほとんどなので、これは例外であるという点も念頭に置いておきたい。

実務であることや有給であることは、自身のモチベーションを左右することは言わずもがな、企業側がインターン生に期待をしている、学生を大切にしたいという意思の表れでもある。

意味のない仕事はないと言われてしまえばそれまでだが、インターン生に任せる意味がある仕事なのか否かをジャッジできない企業、学生を安価な労働力としか考えていない企業に貴重なインターン生活を割いてしまうのはもったいない。

入社希望先ですでに働いているインターン生にアポを取って直接話を聞いてみたり、面接の逆質問で少し突っ込んだ質問をしてみたりするなど、自分なりにどんな会社なのかをクリアにできるファクトを探してみるといいだろう。

インターンをする目的が達成できそうな企業

前項では、インターン先を選ぶ基準を明確にすることについて言及した。

では、インターンをする目的が達成できそうな企業はどのようにして見つけるのか。ここでは、インターンをする目的がはっきりとしている前提で、自分が意図している企業を探し当てる方法について説明したい。

何のためにインターンをしたいのかが明確になっていたとしても、目的の達成と整合が取れる企業で働けなければ意味がなくなってしまう。求人情報の募集要項の欄には業務内容や福利厚生、選考方法などさまざまな項目が羅列されているが、**ずばり、インターンの求人情報の中で特筆して見るべきポイントは「求める人物像」、「よくある質問」の部分にある。**

企業が求める人物像は、「どんな人と働きたいと考えているのか」の項目に、求めているスキルもモチベーションもダイレクトに記している場合が多い。

よくある質問は、企業側も採用のミスマッチを減らしたいという思いから、会社のことも業務のこともより具体的に解答をしてある場合が多い。

どちらも内容の解釈次第で、インターンをする目的と整合が取れそうな企業か判断する大きな材料になり得る。ただ、そのためには、ながめるような読み方ではなく、**記載してある内容はつまり言い換えるとどういうことになるのか、自分のこととして捉えるイメージで理解に努める必要がある。**

例えば、私が現在働いているMAVIS（コンサルティング会社）の求める人物像には「難しいから面白いと感じ、正解の無い問いに独自解を出していきたいという気質をお持ちの方」という一文がある。ここからは、単調なルーティンワークのようなタスクではないことが想像できるし、思考の量と質が重視され、その思考によるアウトプットに価値が置かれていることがうかがえる。

仮に、インターンをする目的が「コンサルティング会社でロジカルシンキングを鍛えることで、キャリアアップの糧にしたい」というものならば、このような人材を求めている会社に勤めることで目的の達成に近づくのではなかろうか。

直感的な魅力に身を任せるのもひとつの選択肢

ここまでで、「こんな企業は避けたほうが無難」、「こんな企業は積極的に検討するべき」ということを示してきたつもりだが、決して、「なんとなくいいと思った」、「第一印象で合わないと感じた」という気持ちも無視するべきではない。

いい、悪いを主張してきたのに最終的には感覚に頼るのか……という考えもうなずけるが、

この〝直感〟には意外と馬鹿にできないものがある。なぜなら、なんとなく適当に決断したものの、想像していたよりもいい結果になったとか、後から振り返ってみたらあの決断は間違いではなかった、というような経験は誰にでもあるからだ。

中でも、一番直感による判断をしやすいのは、志望している企業や選考中の企業の色を感じたときのように思う。というのも、企業によって組織風土や社内の雰囲気、働いている人の特徴などは違う。それはいわば〝企業の色〟があるからだ。**企業の色をダイレクトに感じられる瞬間は、当該の企業において、現在進行形で働いている人と会話する時間にある。**

たとえ条件がよくとも、自分が静かで落ち着いた人間なのに、体育会系のノリが強く、ワイワイした人が多い会社に通い続けるのはきついものがある。

それだけに、社内にいる人から企業の色を見抜くという眼力を光らせるべきだ。

大小はあれど、学生もまたこれまでの人生で、さまざまな人と出会い、さまざまなコミュニティに参加してきたはずだ。そこでは自分にとって合う人、合わない人、合うグループ、合わないグループがあったことだろう。そしてそれは誰一人として同じものはないし、企業側がどんなにミスマッチを避けたいと願って学生の性格を見ようとしても、自分以上にこの感覚が分かる人間はいないはずだ。

だからこそ、**根拠がなくとも〝合いそう〟〝合わなさそう〟という感情を持つことを大切にしてほしい。**特に、満たすべき企業選びのポイントがクリアできていて、複数社合格したがどこにいこうかと悩んでいる場合には、第六感に従ってみるのもありだろう。

大手企業と中小企業、どちらがいい？

大企業の長期インターンシップはほとんどないという現実

Ｐ12「一流企業への入社を望むなら長期インターンは必須？」でも少し触れた部分ではあるが、長期インターンと短期インターンのうち、多くの学生が「インターンインターン」と口走るのは、短期インターンを指す場合が多いように思う。

少なくとも、長期インターンをしている、またはしていた経験がある人以外で、長期インターンの意味合いでインターンという言葉を使っている学生を見たことがない。それだけ、「インターン」＝「パパっと短い期間で就職活動のために参加しておくもの」というイメージが根強くあるのだろう。

そして、就職活動の時期になると多かれ少なかれ、こぞって大企業の〝短期〟インターンに行きたがるという毎年恒例のムーブメントが起きている。

〝大企業〟と聞くと、正直その響きだけでかっこいいと思ってしまう。

なぜかは分からないが、皆が知っている企業やテレビに出ている企業、街を歩けばいたるところで広告として目にする企業などは、地位、権威、ステータス、何もかもをそろえているような気がして、当人が何もしてなくてもそこの企業に勤めているだけですごい人なのだと錯覚してしまう。

「それだけ多くのものを兼ね備えているなら、大企業の長期インターンに行くのがベストなのでは？」と思うだろうが、残念ながら**大企業の長期インターンは限りなく数が少ない。さらにいうと、大企業は短期インターンがほとんどだが、中小企業は短期インターンも長期インターンも両方あるというパターンが多い。**

なぜ大企業は長期インターンを積極的に行わないのか。

理由はおもに3点あると推測する。

① インターンの存在そのものを新卒採用活動のための一環としか捉え

ておらず、長期インターンという概念が定着していないから

② 大企業であればあるほど認知度が高く、学生からの人気もあるため、長期インターンを募集せずとも新卒採用に困らないから

③ 長期的に学生と一緒に働くような制度が整っていない、あるいはリソースがないから

いずれにしても、大企業の長期インターンを探すのはそもそもの求人数が少なすぎることから、長期インターンを検討する際には中小企業を対象に見ていくべきだ。

中小企業のインターンシップでは何が得られる？

「私は新卒で大企業に行きたい。それなのに中小企業の長期インターンに行ったほうがいいのか」という疑念を抱いた人がいるかもしれない。

まず、この問いに対する答えは**確実に行ったほうがいい**という結論になる。就職活動はまだまだ先だけど、とりあえず大企業に入りたいという人がいるのなら、そういった人にこそ長期インターンをおすすめしたい。長期インターンは、大企業が実施するような会社説明会や職場見学会のような内容ではない。ゆえに、**長期インターンで実務に携わることで、必然的に大企

業への内定が近づいてくるといえる。

つまり、長期インターン先の企業に入社するかしないかはあくまでも当人の自由だが、大企業に行くためのスキルアップとして中小企業のインターンを利用するという意味だ。

長期、短期、それにプラスして実務的かそうでないかということ以外にはどんな特徴があるのか。ぱっと思いつくところでいうと、中小企業のインターンは、会社全体を見ることができることや正社員との距離が近いことが利点だと思う。

1つ目の「会社全体を見ることができる」については、大企業の場合、規模が大きすぎることで自分がいまやっているタスクがどのプロジェクトの何に活用されるのか、イメージがしにくい。どこの部署が何をやっているのかを理解するのに新卒で入社しても数年はかかるという企業もある。

会社の規模によるが、中小企業の場合は基本的にこのようなケースはない。自分の仕事がどこでどう使われるのか、誰が何のためにどんな仕事をしているのかが目に見えて理解できる。

2つ目の「正社員との距離が近い」については、大企業のインターンは人事の採用担当者が

学生との窓口になっている場合が多く、インターンがはじまってからも事業担当の社員の方々というより、彼らと接する機会が多い。

一方で、中小企業の場合は、インターンの採用面接の段階から人事ではなく事業担当の社員が出てきてくれるパターンが多い。

入社後を見ても、社員の方は学生としてではなく、正社員の部下のような立ち位置で接してくれる。勤務時間外ではランチや飲み会、社員研修に参加する楽しみもあり、社長や役員層もふくめ、絶妙な距離感を築くことができる。

学業や部活、サークルと長期インターンを両立させるコツ

「中小企業の長期インターンがおすすめなのは理解した。ただ、学生は勉学が本業で、そのほ

かにも部活やサークルなどやることはたくさんあるのに、そんな中でどうやってインターンをやればいいのか」という声をたまに耳にする。

たしかにこの考え方はもっともだ。限られた時間の中で業務にあたるには、それなりに要領よくこなす力だけでなく、時間の確保も必須になる。

平日は朝から晩までずっと学校にいて身動きがとれません、という人がインターンに時間を割くのは厳しいかもしれない。ただ、それを言ってしまっては元も子もないので、**インターンとそれ以外の活動を両立させるポイントを考えてみたところ、一番はシフトの組み方にあるという結論に至った。**

インターンは、アルバイトのようにシフトを組んで就業にあたる。

給与形態は会社によるものの、お給料をいただける場合が多いため、アルバイトをする必要はなくなる。加えて、一般的なアルバイトのようにシフトの申請が通らないという心配はないため、会社の規定時間内であれば好きなタイミングで好きな時間に稼働することができる。

午前中はインターン、午後は1コマだけ授業に出て、その後はまたインターンで稼働するといった柔軟性のある働き方も可能だ。会社によっては、リモートワークを可としているところもあるため、その場合であればさらにフレキシブルに働くことができる。

私の場合、インターンのためにスケジュール管理を徹底する、とまではいかずとも、必須の授業が多い学部1、2年生のうちは「この曜日はここでシフトに入れそうだな」「どうやって授業を組めば時間をつくりだせそうかな」などと考えながら、空きコマを作らないように履修を工夫するようにしていた。

学部3、4年生になると、1、2年生のころに比べて時間に余裕ができる。だからといって長時間だらだらと勤務するわけではなく、自分の集中が続く範囲、これならおそらくコミットできるなという予想を立ててシフトを組むようにしていた。

自由にシフト申請ができるというインターンならではの利点を活用したスケジュール管理をすれば、学業や部活、サークルとの両立が可能になる。

インターンシップ選考の事前Tips

ありきたりな内容よりもコミット度を推してみる

　実際にインターンをはじめるにあたり、応募先の企業も決まったら、選考を受けて合格する必要がある。当たり前のことだが、どんなに優秀な学生でも社会人とは生きている年数や経験の量が違うのだから、選考では稚拙に見られることがある。

　同じ学生からしたら「すごい！」と思うような学生でも、社会人から見たら普通の学生というケースもあるだろう。これはもちろん学生が悪いわけでも社会人が悪いわけでもなく、仕方のない現象である。

　それに選考を担当する人は自分以外にもたくさんの応募者を見てきている。だからこそ、「ああ、今回の学生も同じようなパターンか」と思われないようにしなければならない。

選考を受ける前の事前情報として伝えたいのが、全ての選考過程で、コミット度を強調してみることだ。具体的にいうと、「私は、〇年以上勤める前提で入社したいと思っています」、「週に〇〇時間は勤務します」というような気持ちをベースにおくということだ。これは、このような直接的な言い回しをするからこそ効果があるが、伝え方に自信があるのなら業務内容に触れながら話してみてもいい。要は、企業側から見たときに少なくともやる気だけはとても感じる学生だと思わせるのが狙いだ。

インターンは新卒採用よりもポテンシャル採用の傾向にあるため、「入社したらとにかく頑張ってくれそう」というイメージを持ってもらえれば作戦成功といっていい。

アルバイトの求人であっても、１人しか採用できない状況で全く同じステータスの応募者が２人いた場合、片方はもう片方の倍の時間シフトに入れるという発言があれば、当然、そちらを採用することだろう。

学生といってもいろいろな学生が、社会人といってもいろいろな社会人がいることは重々承知だ。ただ、一般的には学生と社会人では責任の重さや人間としての厚みが違う。であれば、**学生があれやこれやと武勇伝を語るよりも、まずは企業への貢献度を強調したほうが健全だ。就活前の学生が社会人と同じ水準でディスカッションできることなんてほとんどないのだから、**

やる気や熱意を訴えて突破口を開いてみるのも、ひとつの方法だといいたい。

選考通過率は5～20％しかない

インターンの選考は誰でも簡単に通過できるものではない。まずはこのことを念頭に置いて計画を立てる必要がある。一般的にインターンの選考で合格できる確率は5～20％程度といわれているため、5～20人に1人しか受からない。

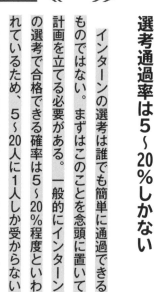

そのため、選考を受ける前に、受かる人よりも落ちる人のほうが多いということの事実を理解しておくことも重要だ。

この数値を見れば、受かるためには何かしら対策をしなければならないということや、落ちたからといって過度に落胆する必要はないことを理解していただけると思う。

すぐにインターンをはじめたいのであれば、１社選考を受けて合否が出るまで待機するのではなく、同時に並行して複数社の選考を受けるべきだ。

大抵の場合、選考フローは短いものではないし、各過程で１回ずつ合否の連絡が来ると仮定すると、１社あたり数カ月かかることもよくある。もっといえば、**どうしても入社したい企業があるのであれば、はじめて選考を受ける企業は本命ではなく、練習を兼ねてほかの企業の選考を受けた上で志望度が高い企業の選考を受けるといい。**

事前に面接の質問内容を想定して選考に望んだとしても、想像していたものと違うということがしばしばある。はじめてならなおのこと、選考に慣れるという意味でほかの企業の選考でアップをしてから志望度が高い企業の選考に挑むと、緊張もほぐれる。

どうしてインターンの選考通過率は低いのかという点については、アルバイトなどよりも学生に求める水準が高いことにある。

先ほど、インターンはポテンシャル採用の傾向が強いといったが、企業側としては少しでも活躍できそうな学生を採用したいため、スペックも無視はできない。

個人的に一番推すべきはコミット度という考えは曲げられないが、業務内容にリンクするエピソードや資格はあるに越したことはないのもまた事実である。悲しい現実かもしれないが、実態としては、そういったエピソードや資格など何かしら光る部分がある学生が応募をしてきて、最終的にコミット度をどれだけ推せるかの勝負になるのが自然だ。

学生は選ばれる側のようで選ぶ側でもある

当然のことながら、インターンの選考を受けるということは、採用されるためには何を伝えるべきなのか、どのように話したらいいのかを考えることになる。

しかし、**採用される側であることばかりを考えていると、企業が学生を選ぶのと同様に、自分も企業を選ぶ選択肢を持っていることを忘れてしまう。**

選ばれなきゃ、選ばれなきゃと躍起になる気持ちは痛いほど理解できるが、そればかりに意識が集中するよりも、選考の準備はきちんと生きたか、自分が伝えたいことは伝えられたかという観点から出来不出来をみるべきだ。

自分としては120点の選考内容だったけど、結果として不採用だったというのなら企業側の見る目がなかったと思うぐらいの感覚でちょうどいいと思っている。

選考をされていることには変わりないが、だからといって必要以上に委縮したりぺこぺこしたりする必要はない。社会人と話す機会が少ない学生、特にまだ大学生になってからの月日が浅い1、2年生であればそうなってしまう気持ちも分からなくない。

しかし、自分の発言に自信を持って堂々としているべきだ。言い方は悪いが、学生であるというだけで社会人からしたら何も知らない子どものような扱いを受けることもある。あまりにも媚びた態度や縮こまった対応をしているとなめられたり、小馬鹿にされたりしかねない。

社会人と学生は立場としては対等であるべきではなく、上下関係はあってしかるべきだ。ただ、選考過程の会話の中に限定すれば対等であるべきだと思っている。お互いの人となりを知る上で、対等にやりとりをすることほど重要なことはないからだ。

最近は何かと問題にされやすいことから、企業側としても応募者に高圧的な態度を取ったり、理不尽な言い方をすることはないと思われるが、あまりにもおかしなことを言われたら「それって変じゃないですか？」と質問できるぐらいの気概は持っておこう。

ただし、鋭い質問をされて解答できなかったときは自分の実力や準備不足なので、それを企業側のせいにしてあれこれ悪くいうのはやめるべきだ。

インターンシップ応募の前に知っておくべきこと

学ぶことは大事だが、学ぶだけなら学校で十分

インターンをはじめたら、いままで知らなかったことばかりを体験することになる。これはExcelの機能ひとつ、Slackでのやりとりひとつをとってもあてはまる。

業務に慣れてくるまでの数カ月は分からないことばかりのはずだ。その過程で、本を読んだり、フィードバックを受け止めたり、先輩インターンの働きぶりを参考にしたりすることで少しずつできることの幅が広がっていく。

この話を聞いて、「学びたい、どんどん吸収していきたい」という気持ちを持った人もいるかもしれないが、インターンはこの感情だけでは務まらない。

一見すると意欲的なように見えるが、**学ぶだけではダメなのである。**どんなに熱意があって

も学ぶだけでは企業から評価を得られない。

学び、すなわちインプットを加味してどんなアウトプットを出せるかどうかが評価の基準になるといっていい。

「新しくこんなことを知りました。すごいスキルを得ました」と言っても、その知識やスキルを活用して良質なアウトプットが出せなければインプットをした意味はない。逆にいうと、アウトプットに関係のないインプットはどんなに内容が濃かろうが役には立たないということだ。

そのため、極論、何をどう学ぶかという点に関しては、この学びが最終的な成果物にどの程度活用させられそうかという視点から考えてみるといい。

もとより、学校は自分がお金を払って学びに行く場所だが、企業はお金をいただいて価値を提供する場所ということさえ忘れなければ、学ぶだけで終了ということにはならないはずだ。

これまで20年近く学校という枠組みの中で生活をしてきた学生からすれば、なかなか感覚的に捉えるのが難しいことでもあるだろうが、「お金をもらっているのだから、学んだことを生かして会社に貢献するぞ」というスタンスでいればいい。

社会人になれば、定時後や休日の業務外の時間でインプットをし、そのインプットを業務時間で活用するということが当たり前になる。いまのうちからインプット、アウトプットの質を考えて動いておいて損はない。

アルバイトとインターンは何がどう違うのか

アルバイトとインターンの違いは次の3点がある。

①成果に応じて正当な評価を得られる

アルバイトは決められたマニュアルに従って、決められた通りに働くことが大半のため、自分で考えて行動を起こすというシチュエーションになりにくい。

一方でインターンは、一定の裁量の中で何をどうしたら最も評価されるアウトプットが出せるのかを考えながら働くことになる。決まった時間に決まったことをやるという状況にはなりにくく、タスクの内容によって自身の行動を変化させる必要がある。そして、それもまた仕事に飽きない理由のひとつだと感じている。

②できることの幅が広く、責任が大きい

インターンでは、自分が一から任されたタスクがもととなり、クライアントから手応えのあ

る反応を得られたというような体験や、正社員の方々とディスカッションを重ねながら大きな仕事をやり遂げたというような体験を日常的にすることができる。

常に何かしらの目標を追いかけながら、上司やクライアントに感謝される環境に身を置けることは、アルバイトとの決定的な違いだといえる。

もちろん、アルバイトでも人から感謝される経験はできるだろうが、**達成するための難易度や結果に対する執着の度合いが異なるはずだ。**

③専門的な知識が身につく

大学生がアルバイトをするとなると、接客系のアルバイトをする人が多いのではないか。そこではきっと、コミュニケーションスキルや電話対応、ビジネスマナーなどを身につけることができるのであろう。

ただ、それらのスキルはインターンでも習得できる。言い換えると、**インターンはアルバイトで得られるスキルにプラスして、学生視点では上流のスキルを獲得できるということだ。**

加えて、コンサルタントのインターンであればPCスキルはさることながら、プロジェクトに応じてクライアント企業の課題やそれに付随した業界知識が身につく。これが営業のインターンであれば、商品やサービスを売るためのテクニックや話術を身につけられるように、参加するインターンに応じて専門的なスキルを得ることができる。

学生も理解するべき社会人のマナー

多くの人は大学生になると、住む場所や周りの環境が変化する。これに伴って接する人の数も幅も格段に増える。その過程で、初対面の人との打ちとけ方や目上の人への言葉づかい、大人数の場での配慮など、さまざまなシチュエーションでの対応を習得していく。

これに近い部分もあるのかもしれないが、**インターンをするのであれば、学生ではなく社会人として最低限のマナーを事前に理解しておくべきだ。**

何から何までというのは難しいが、ビジネスマナー本に軽く目を通しておくだけでも、何も知らない状態とは全然違う対応ができる。そうでないと、選考以前の問題として相手に不快感を与えてしまったり、悪気はないのに失礼をはたらいてしまったりする可能性が出てきてしまう。

選考前の段階で、学生が最低限身につけておきたいマナーとはどのようなものがあるのか。

学生なので分からなくて当然の部分もあるが、社会人が当たり前に行っているメールの送り方

や電話の受け答え、言葉づかいなどは押さえておきたいポイントだ。

言葉づかいに関しては全ての言動に影響するため、真っ先に意識するポイントであろう。メールや電話に関しては、ある程度型のようなものがあるためそれに倣うようにすれば逸脱したことにはならない。入社してから身につければ事足りる部分と、選考の前の段階から知っておいたほうがいい部分を線引きしながら、気持ちのいいやりとりができるよう心掛けるべきだ。

もっといえば、**最低限のマナーだけではなく、相手に学生とは思えないと感じさせるような対応ができれば、それだけで丁寧でちゃんとしている人だなという印象を与えることができる。**

あいさつがはきはきしている学生と、だらしがない態度で会釈をする学生がいたらどちらの印象がいいかは明白であり、そのほかの面でも必然的にこのような比較をされるはずだ。

ビジネスマナーというと学生は馴染みのない印象を持つであろうが、ベースにあるのは基本的な礼儀だ。一般常識に則って、相手の気持ちを考えながら場面に応じた対応を取れれば、この言葉に身構える必要はない。

インターンシップ選考を通過するために
—応募書類編—

文章や構成から人となりが想像されている

インターンの選考は、書類選考や面接によって行われることが多い。中にはテストや独自課題を課す企業もあるが、そういった企業も**書類選考と面接は必須の選考フロー**としていることがほとんどだ。そのため、真っ先に押さえるポイントはどこなのかと聞かれれば、この2つだと言い切れる。

大抵の場合、書類選考では履歴書やエントリーシート（ＥＳ）が見られる。

履歴書は大学の就職支援センターや一般的に販売されているものを想像してもらってよい。ＥＳは就職活動をしたことがある人ならしつこいほど耳にしたことがあるだろう。履歴書の内容にプラスして自己ＰＲ、学生時代に力を入れたこと（ガクチカ）、志望動機などを書かせる

形式のシートのことで、履歴書のボリュームがあるバージョンだといえる。

この履歴書やＥＳを書く上で気をつけなければならない点を、内容面と体裁面に分けて説明していく。

まず、内容面に関していうと、**自己ＰＲやガクチカは自身の経験をベースとして、エピソードに起承転結を持たせて書くといい。**

結果→課題→課題の背景→課題に対する施策→施策を遂行するための工夫→学び、という具合に、ストーリー性を感じさせる書き方を意識してみると自然とまとまりのある文章になる。

志望動機は、自己分析をもとに、〝なぜ〟を追求しながら考えていくと書きやすい。

なぜ、この職種がいいのか、なぜこの企業がいいのか、そう思う理由はなぜか、自分自身に問いかけ、その答えに対してもなぜを問い続けると深みのある内容に仕上がる。

次に、体裁面に関してだが、近年は履歴書もＥＳもWordやExcelに記入する形式を採用していることが多い。そのため、字がきれいかどうか、読みやすい文字かどうかは考えなくてよい。**気にするべきは、視覚的に負荷のないようなものに仕上がっているかどうかだ。**

フォントは統一されているか、インデントの使い方はおかしくないかなどは気をつかう必要がある。

応募書類は企業とのファーストコンタクトといってもいい。少しでもいい印象を与えられるように、内容面、体裁面どちらにも目を光らせるべきだ。

カタカナや難しい言葉を乱用しない

「自分のすごい経験を伝えたい！」と意気込むあまり、エピソードトークを自分軸で展開してしまうというケースを目にすることがある。

例えば、昔から野球に打ち込んできた人が野球に関する話をした場合、ポジションやトレーニングメニューの内容など、野球をよく知っている人にしか分からない用語を使ってしまいがちだ。

ほかにも、ゼミの研究の話をする際に専門用語を多用するパターンや、留学経験がある人が日本語で伝えられるような言葉をわざわざカタカナや英語に変換して書くパターンをちらほら見かける。普段からそういった言葉を使っていると、どこかでクセのようになってくるのだろう。

ゲノムDNAの
シトシンがメチル化
したときの…

自分の得意分野の話を書くのは自由だ。むしろそのほうが文章は書きやすいだろうし、内容としてもしっかりしたものができるはずだ。しかし、履歴書やESでそれよりも真っ先に考えるべきは、自分が書きたいことを書きたいように書けたかではなく、初見の人がその文章を見たときにどう思うかである。

４００文字の自己PRを読もうとしているときに、いきなり聞いたこともないカタカナワードから書かれていたらどう思うだろう。中には、それだけで読む気が失せる人もいるかもしれない。

いつも自分が所属するコミュニティでは当たり前に使われている言葉でも、ほかでは違うかもしれない、自分の得意分野は知らない人のほうが多いかもしれないと意識することで、誰に

でも伝わる文章に近づく。

「本当に頭のいい人は難しいことを簡単に伝えることに長けている」という言葉を聞いたことがある。この言葉をもとに考えると、履歴書やESを書くことは、自分しか知らない特別な経験を、内容を崩さずに誰が読んでも理解できるように作り上げる作業といっていいだろう。

もし、自分が書いた文章に自信がなければ、一度、家族や友達に目を通してもらい、文章に違和感はないか、初見の人でも分かるかを確認してもらうといい。書きながら何度も同じ文章を読んでいると、何がよくて何が微妙なのか分からなくなってくる。第三者からの視点も活用して添削すれば、格段に質が上がる。

自分らしさを出すために気持ちや熱意を散りばめる

書類選考を担当する社員は、一日にいくつもの応募書類を見ている。1カ月に100通以上の応募書類に目を通しているというケースもある。少なくとも、自分以外の候補者をたくさん見てきているし、自分が応募した時期にほかに応募した人がいれば、彼らと比べられながら見られているであろう。

覚えておくべきなのは、**どこかで目に留まるようなポイントがない限り、自分の応募書類だけをじっくりと見てくれるチャンスはないということだ。どんなに時間をかけて書いた文章でも、一瞬流し読みをされただけで終わってしまうこともよくある。**

残念ながら、こればかりは応募している身からするとどうしようもない。不可抗力といっていい。

では、こういったケースをできるだけ少なくし、ほかの応募書類に埋もれないためにはどうしたらいいのだろうか。

まず前提として、**自分が応募している企業は、自分と似たようなスペックや特技を持った人が応募してくる可能性が高いということを頭に入れておく必要がある。**彼らと横並びにされてしまったときに、書いてあることが似通っているために、どんぐりの背比べ状態になってしまうことだけは避けたい。そのためには、**同じような内容としてくくられないように、自分にしか書けないことを書く必要がある。**最も効果的なのは経験を交えたエピソードに工夫をこらすことだが、それ以外でいうと、**経験を通じて感じたことや働く上での熱量の大きさに関与する部分になる。**

感情や熱量は自分らしさを出しやすい。ここでいう感情や熱量というのは嬉しい、悲しい、頑張る、精いっぱい、というような一言で言い表せるような単調なものではなく、もう少し細かい説明を必要とするものを指す。

例えば、営業職のインターンを志望している場合に、「御社の製品を売ることで会社に貢献したいです」と書くよりも、「結果へのこだわりを何よりも意識しているので、数字として成果を上げるのはもちろん、押し売りをするのではなく、御社とクライアントの均衡を保ちながら活躍したいです」と書くことで、ありきたりな文章ではなくなる。

インターンシップ選考を通過するために

―面接編―

面接での取り繕いはすぐに見破られる

書類選考を突破したら、次は面接が待ち受けていることが多い。書類選考→面接（複数回）という場合や、書類選考→テスト→面接（1回）などがあるが、いずれにしても選考フローの終盤には必ずといっていいほど面接が登場してくる。

面接で大事なことは、いままでに何度も言われてきているだろう。あいさつや表情、てきぱきとした受け答え、結論ファーストなどは言わずもがな大切なことなので、ここでは省略する。

このような面接のお作法に加えて、ほかにもいくつか念頭に置いておくべき考えがある。面接のテクニック集とやらが巷に大量にはびこっているのは重々承知だが、ここではインターン選考というくくりにフォーカスして読んでみてほしい。

せっかく書類選考を通過して面接まで進めたのだから、少しでも自分をよく思ってもらいたいと考える気持ちはよく分かる。誰でもそう思うに決まっているし、多少背伸びをしてでも採用されたいと思うだろう。

しかし、**自分を無理に大きく見せようとすることはおすすめできない。なぜなら、学生がそれをやると大抵の場合失敗するし、そんなことなんかしなくても、「学生らしさ」を好いてくれる企業のほうが多いからだ。**失敗するというのは、何百人もの学生を見てきている面接官に適当な嘘をついても数秒でばれるということを意味している。面接は一問一答やイエス、ノーで終わる会話ではない。自分がした解答に対して、面接官がさらに深掘りして質問をしてくるのだ。そこで適当な嘘をつくと、話を横に広げられた際やさらに追求されたときにほころびが出る。

学生らしさというのは、学生特有のピュアさのことだ。というのも、面接官も就活前の学生に社会人の中途面接のような解答ができるとははじめから思っていないし、求めてもいない。むしろ、若さゆえのバイタリティの高さや、大学生活の出来事を交えたトークなど、その人から学生らしさを感じる瞬間を楽しみながら見ている。

インターンの選考と聞くと、意識の高いかっこいい自分にならなきゃと思ってしまう人もい

るのかもしれないが、〝できる学生〟を演じることよりも、学生らしさを武器に面接に臨んでみてはどうだろうか。

分からないこと、知らないことを隠すのは自分の首を自分で絞めること

面接中に切り込んだ質問をされて、頭が真っ白になるような状況を想像してみてほしい。それも、自分が全く答えを知らないような話題を展開されてのことだ。とっさに知ったかぶりをするか、正直に「分からないです」と言うか、それともほかにどんな対応を取るだろうか。

数年前の私は、どちらかといえば反射的に分かったような態度を取るタイプだった。つまり、この場合でいうと知ったかぶりをする人だ。

今となっては、それだけはやめておいたほうがいいと声を大にして言える。しかし当時は、知らない＝不採用、分からない＝恥ずかしいことと心のどこかで思っていた。実際には、この思い込みは真逆といってよい。

冷静に考えてみれば、誰でも分からないこと、知らないことがあるのは当たり前である。ましてや、学生であればなおさら、知っていることよりも知らないことのほうが多くて当然のは

ずだ。
なのに、なぜだか面接の場に行くと、全てを知っていて当然、というような考えになってしまう。知ったかぶりをした場合に、さらに深掘りをされて最終的に返すことができずアウト、という状況になるよりも、はじめから「知りません」と伝えたほうがマシだ。
それに、知ったかぶりをしている状態で入社できたとしても、企業側が思っている自分と実際の自分が違いすぎて、どこかでボロが出てしまう。

では、面接で分からないこと、知らないことを聞かれた場合はどうすればいいのか。時間次第で答えられそうな内容であれば、「少し考える時間をいただいてもよろしいでしょうか」、考えてもさっぱり返事ができなさそうな内容であれば、はっきりと「分からないです」、「そこまでは存じていません」と言うべきだと思っている。

ここで**「すみません」と謝る必要はない。何も悪いことはしていないし、知識が及ばなかったことは面接官に謝るべきことではないからだ。**

もしも、これにプラスアルファで何かを言うとしたら、「いまは存じ上げていませんが、今後勉強していく予定です」などと、今後キャッチアップ[※5]していく意欲を示すのがベターだ。

リモート面接は大げさぐらいの反応がちょうどいい

２０２０年の春ごろ、新型コロナウイルス感染症のニュースが毎日のようにメディアに流れていたときは、まだリモートで仕事をする、リモートで授業を受けるという形はメジャーではなかった。今ではその形は大きく変容し、仕事だけでなく面接もまた、リモートで行うのが一般的になった。

候補者が絞られている面接や最終面接は対面で行う企業もまだまだ存在するが、**インターン選考を受けるとしたらリモート面接は避けては通れないものと思っていい。**

対面面接のお作法やポイントを遵守することはもちろんだが、リモート面接ならではの要点も存在する。これは画面の明るさ、映りの角度などデバイスの問題にかかわるような物理的な内容以外の話だ。

リモート面接で特に意識するべき点は、面接で聞き手にまわる瞬間に、いかに話し手に気持ちよく話させるようなリアクションができるかどうかだ。もっというと、「対面の面接であったら少し大げさでは?」くらいの反応のほうがリモート面接ではちょうどいい。

少し疲れるかもしれないが、リモートの場合、相づちや返事は食い気味ぐらいがいい塩梅だ。自分が話すことばかり意識していると、聞き手のときに〝無〟になってしまったり、「へぇ〜」というような薄い反応しかできなかったりする。

自分が話し手のときは何もしなくても勝手に集中モードに入るだろうが、聞き手のときはしっかり聞こうという気持ちがないと上の空になってしまうので気をつけたい。

過去の面接で、私が話し手のときに、終始面接官の反応が薄すぎて「音声が聞こえてないのでは?」と思う瞬間があった。

私の話の内容が刺さっていなかったからなのか、それとも元々こういう反応の人なのかと思ったが、後日同じ面接官で面接を受けた友人も同じことを言っていたため後者だと判断した。

それと同時に、自分もリモート面接で人の話を聞くときにそういった反応をとってしまっていないかと気になった。逆の立場になってみて、その不快感を知ったことで、自分自身もはじめて意識するようになったのである。

※5　キャッチアップ　知識や情報を後から吸収すること

入社までの心意気

ボールを持つ時間を短くするやりとりを

晴れて入社が決まったら、選考中以上にメールや各企業の採用サイトを通じてひんぱんに採用担当者とやりとりをするようになる。

私ははじめてインターンの選考を受けたときに、彼らのレスポンスの速さに驚きを隠せなかった。我々デジタルネイティブ世代は、小中学生のころからスマホを持っていた人も多く、そういったやりとりには慣れていると思い込んでいたが、内容以上に自分が数時間後に返信したものに対して数分で返答が返ってくることが衝撃だった。

それに、それがさも当然のことかのような雰囲気を感じたし、驚いている私のほうがマイノリティなのかと錯覚するぐらいだった。

「レスが遅い人は仕事も遅い」という言葉があるように、社会人にとってレスポンスの速さがどれだけ意味のあるものなのか当時は全く理解できていなかった。もちろん、内容によってはすぐに返信ができないこともあるだろうが、その場合でも「明日の17時までには返信します」と返すことができる。つまり、**すぐに返信できない要件だから返せないというのは間違いで、レスポンスのスピードに内容は関係ないということだ。**

すぐに返信が届くことで送られた側は安心を覚え、相手への信頼も生まれる。選考のやりとりでさえこう感じるのだから、仕事だったらより一層、日々のラリーはスピード感が問われるだろう。

現在私は22歳だが、我々の世代やこれに近い世代は小さいころからＳＮＳに浸りすぎて、既読無視や未読無視という文化が当たり前になっていないか。プライベートでは誰にどんな無視を働こうが当人の自由だが、**職場、ひいては選考の段階からレスポンスのスピードは意識しておくべきだ。**

それに、返事をしなければと思いながら別のことをするよりも、気づいたらすぐに何かしらの返事をしたほうが自分の精神衛生的にもいい。**選考だから、仕事だから、自分が後で楽になるから、理由はなんでも構わない。長くボールを持っていていいことなど１つもないので、す**

ぐに投げるべきだ。

「自分はすごい」と思っている人ほど入社後に撃沈する

実力が認められて採用された、選考の準備が生きて採用された、どんな理由であれアピールしたことが企業側に伝わって入社が決定したのだからそれは素晴らしいことだ。志望度が高い企業だったらなおのこと嬉しい。

この採用されたという喜びの余韻に浸るのは構わないのだが、あまりに慢心してしまうと後で痛い目をみることがある。インターンに採用されても、自分が学生であることに変わりはない。どんなに自信があっても、入社前は「自分は何もできないかもしれないから、一生懸命食らいつくぞ」くらいのスタンスでいたほうがいい。

過去にMAVISにおいて、学歴や資格（大学生で取得するのは困難とされている難関国家資格）がキラキラに光っていて、スペックだけ見たら申し分のない学生が採用されたことがある。

面接では意気揚々としていたという話を聞いたし、社員の方々が期待を寄せていたこともあってどんな活躍をしてくれるのだろうと様子を見ていたが、フィードバックが厳しいという理由で1週間も経たずに退職していった。

態度から想像するに、おそらく彼は、世間一般で見たら自分のスペックがすごいことを自覚していただろうし、だからこそ自分ならすぐになんなく活躍できると思っていたのだろう。けれども現実はそううまくはいかず、プライドが傷つけられたことが我慢ならなかったように見受けられた。

慢心している学生を誰が後輩として育成したいと思うだろう。かわいげのある後輩のほうがいいに決まっている。なんせ入社したばかりのころは知らないことも多いのだから、気取った態度よりも、愛嬌をもって社内の人と接することを心掛けるべきだ。

面接で緊張しすぎて本来の自分を出せなさそうだからと、鼓舞するために「自分はすごい」と思い込むのはプラスに作用する。しかし、入社が決まったのなら話は別で、**自分はすごいと思っている学生ほど撃沈していく現場をたくさん見てきた。**

素直さと謙虚さで周りから愛されるようなマインドセットを持つことが、いいインターン生活のスタートを切るコツであろう。

課題図書には最低限覚えなければいけないことが詰まっている

「入社前、または入社してすぐにある程度の知識は自分の力でキャッチアップしてもらいたい」という意図をもって、課題図書を勧めてくる企業は多い。

課題図書の内容は千差万別で、企業によってボリュームもテーマも全然違う。例えば、コンサルタントのインターンの際は、基礎力にまつわる部分は仮説思考や問題解決に関する本、具体的に実務に直結する部分でいえば※6ファイナンスや※7デューデリジェンスに関する本などを勧められる。

これはコンサルタント職であったからこのような本だったというだけで、営業職であれば、トーク術や販売する製品・サービスの業界に関する本だろうし、マーケティング職であれば、データ分析や顧客視点を重視するような本であろう。

課題図書を勧めてくるということは、上司から遠回しに「これからこの本の内容に関するようなタスクを扱うので、本の内容ぐらいは事前に理解しておいてくださいね」と言われていると解釈するべきだ。ある意味、企業側からの優しさだと捉えることもできる。

いざ仕事がはじまったら、社内の人は当然業界のことや専門的な知識を有しているだろうし、本の内容は分かっている前提でタスクの話が進むだろう。いずれは覚えなければいけないことを課題図書という名目でインプットできるチャンスであると考えれば、本を手に取らない理由はない。

専門書とも解釈できる本を1回読んだだけで理解できる学生はほとんどいないだろう。そもそも学生からしたら、とっつきにくいテーマである可能性が高いことに加え、しっかり理解しながら読もうとすれば、それなりに時間も必要となる。

時間をかけて読めば、読み終わったころには冒頭の内容などほとんど覚えていないという状況になりかねない。一回読んだだけで終わりではなく、入社前後は本ごと食べるような勢いで何度も読むことをおすすめする。

そして、入社して時間が経ったころには、原点に立ち返るという意味で久しぶりに手に取ってみるといいだろう。初心に戻ったような気がしてワクワクするのでぜひ実践してみてほしい。

※6 ファイナンス 資金の調達や配分などの活動を通して、企業が将来稼ぐキャッシュフロー総量の現在価値を最大にする活動

※7 デューデリジェンス 事業面における買収監査。デューデリジェンスには、FDD（ファイナンシャル・デューデリジェンス）、LDD（リーガル・デューデリジェンス）など、さまざまな種類がある

第2章

仕事に必要なスキルを身につける

成果を上げるためには切り離せない
アウトプット思考

パフォームしているインターン生はどんな人？

いよいよインターンがスタートしたと仮定する。周りには先輩インターンが何人もいる状況だ。まずは正社員から業務内容や社内ルールなどの説明があるだろうが、いざ仕事に着手すると、この先輩インターンという存在を常に横目で意識しながら働くことになる。

先輩インターンといえど、同じ学生という立場でインターンをしていることには変わりない。自分と環境が似ている分、正社員よりも身近な存在であり、最初に目指すべき[※8]ベンチマークとして目が向くようになる。

そのときに、この人のようになりたい！と思うインターンや、社員からも評価を得ているインターンには同じ共通点が見られる。

社員などから尊敬をされているインターン、言い換えると**パフォーム[※9]しているインターンはほぼ例外なく、アウトプット思考で仕事をしている。取り組んだ過程がどうとか、ここまで考えたから評価がほしいとかではなく、最終的に提出した成果物の内容で信頼を獲得している。**

ゆえに、時間に対する執着が強い。これは今日1日で何をしたのかといった粒度よりももう1段細かい。いまこの30分で何をしたのか、これから1時間でここまでは終わらそう、このリサーチは1社あたり5分と考えて、3時間で36社調べるぞ、という具合だ。

A：「あなたの時給はいくらですか？」
B：「1500円です」
A：「このタスクに何時間かけましたか？」
B：「4時間です」
A：「あなたがクライアントだったら、この成果物を6000円で買いたいと思いますか？」

というようなやりとりを目にしたことがある。これはAが正社員の上司、Bがインターンで、インターンが上司からフィードバックをもらっていた際の会話だ。

このやりとりは聞いていただけの私にも突き刺さった。以来、自分がクライアントだったら

○○円かけてこれを買いたいと思うのか自問自答するようになった。イエスであれば時給以上のバリューを出せている可能性が高いし、ノーであれば時給以下の働きしかできていないことになる。これは自分でアウトプットのレベル感を確認する手っ取り早いやり方だ。

"とにかく出す"の精神で、質を気にする前に量とスピードを

では、アウトプット思考になるためにはどうしたらよいのだろうか。時間に対する執着が大事というのは自分でその都度意識できるかどうかの問題なので、もう少し根本的な考え方を示したい。

まず、インターンとして入社して間もないころに、80点の成果物を2日間かけて提出するのと、60点の成果物を1日で提出するのではどちらがいいと思うか考えてみてほしい。

私の答えは、60点の成果物を1日で提出するほうだ。100点以上で出すのが厳しいと分かり切っている状況なのであれば、早いほうがいいに決まっている。それに後者のほうであればおそらく、1日目の時点でフィードバックをもらい、修正することで2日目の時点では80点も超えられる。

多くの場合、「ちゃんとしたものを出さなきゃ」という意識が強すぎて、アウトプットの中身からこだわりはじめる傾向がある。

決して、質をよくしようという心意気が悪いと言っているわけではない。むしろその気持ちはあるに越したことはない。ただ、入社して数カ月以内のころは、アウトプットの質よりもアウトプットの量と提出するスピードにフォーカスすべきだと思っている。入ったばかりの学生が、はじめから高品質の成果物を出すのは難しい。であれば、成果物の量とスピードで価値を出すのが分かりやすく信頼を獲得できる方法だろう。

時間をかければかけるほど、上司はどんなアウトプットが出てくるのだろうと期待して待つことになる。しかし、上司を待たせることほどにリスキーなものはなく、待たせた時間の分だけどんどん期待値は上がっていく。

そして、提出したときに期待値を超えられず、「こんなに時間かけといてこれ?」となってしまうのだ。反対に、多少質が低くとも早く出すことができれば、まず、「お！　はやいね」という反応がもらえる。

上司としても、「中身は直すところがあるけど、こんなに早く出してくれたのだから修正する部分があっても仕方ないか」となる場合が多い。

質は後から鍛えられる。それよりもまずは量とスピードで周囲をあっと言わせることのほうがよっぽど重要であろう。

フィードバックに一喜一憂しないマインドセット

アウトプット思考で成果物を早く出すということは、すなわち、フィードバックをもらう回数や壁打ちをする回数が増えることを意味する。提出する→フィードバックをもらう→再度考える→壁打ちをする→再提出するといったラリーの回数が増えるためだ。

フィードバックの内容はどんな企業で何のタスクを担当しているかによって異なるため一概にはいえないが、MAVISでは、内容面と体裁面に分けて箇条書きで挙がってくることが多い。

例えば、定例会の資料を作成しているときならば、「資料1枚目、構造化の分け方ですが、オブジェクトごとに粒度感が違いませんか？」というのが内容面、「テキストボックスがずれています。ちゃんとCtrl＋Aで確認しましたか？」というのが体裁面の指摘にあたる。

このフィードバック、慣れるまではメンタルにくるものがあるかもしれない。成果物をよりよくするためのものときっぱり割り切る気持ちが必要で、あまり深く考えすぎないほうがいい。

もちろん、上司の時間を割いてフィードバックをもらっている以上、ブラッシュアップをする際にはフィードバック内容をしっかりと反映させなければならない。しかし、**「この成果物を出したらなんて言われるかな」と考えてしまい、提出することをためらうようになるのはよくない。そもそも、どんなフィードバックが飛んでくるかは自分ではコントロールできないので、何を言われるのか考えすぎるだけ無駄だ。**

一喜一憂しないというのは、正確には「ネガティブになりすぎない」というニュアンスに近い。何を出しても褒めてくれる人から毎日のようにもらう「今日もありがとうございます」と、普段は厳しい人がたまに言ってくれる「〇〇さんのおかげで、××ができました。ありがとうございます」とでは、全く重みが違う。

言葉としては同じような意味だが、後者のときはもっと頑張ろうという気になるし、テンションも上がる。そして、この気持ちは素直に受け取っていいと思う。

大事なのは何を言われるのかを気にしすぎないこと、タスクをてきぱきこなして間髪入れずに提出すること、なによりもアウトプット思考を止めないことだ。

※8　ベンチマーク　比較をする際に目標となる基準

※9　パフォーム　パフォーマンスを発揮する

コミュニケーション能力を高める方法

コミュニケーションコストを念頭に置いて「結局何が言いたいのですか?」を回避

上司やほかのインターン、クライアントや外部関係者など相手方はさまざまだが、仕事上での意思疎通は毎日繰り広げられている。コミュニケーションに関係するトピックとして、第1章で〝即レスは正義〟という内容を挙げたが、コミュニケーションコストを考えるというのはこれと同じぐらい大事なことだ。コミュニケーションまわりのことでいえばトップクラスに外せないポイントだといえる。

ここで伝えたいコミュニケーションコストというのは、なにもマニュアルを作成する、社内研修に参加する、といった大それたことではない。日々のメール、対面、社内ツールの節々で行われる何気ないやりとりで生じる負荷のことだ。

少しでもラリーを少なくするためにはどうしたらいいか頭を使うことが、コミュニケーションコストを念頭に置くことにつながる。

〝結論から述べるべし〟というコミュニケーションの鉄則も結局はここに含まれるものだろう。日時調整ひとつをとってもこちらから候補日を複数提示して、相手がその中から日時を選択するだけであれば1ラリーで済むし、「確認お願いします」、ではなく「資料、○○ページ目のメッセージラインの言い回しはこれで違和感ないですか」と聞けば、相手は何をしてほしいのかがすぐに分かるので負荷が少なくて済む。

ここまでしてラリーを少なくする必要があるのには、**単純に時間がもったいないし、長くラリーをしていると疲れるからという理由のほかに、人によって同じ時間で生み出せるものが違うという理由が存在するためだ。**

自分とやりとりをする相手との時間帯価値は異なる。自分の時給は1時間1500円かもしれないが、話している相手は時給5000円の可能性もあるし、1万円の場合だってある。**1時間は同じ1時間でもあるし、違う1時間という感覚が適正で、時間をいただいているという自覚が必要である。**これは、正社員が年俸制であることやシフト制でないことは承知の上で、時給で換算した場合の話をするとこのような捉え方ができるという話だ。さらに、給料としてもらう時給とクライアントに請求されている時間単価もまた異なる。自身のインターンとしての時給が1500円でも、目の前のコンサルタントの時間単価は3万円の場合だって普通にある。そう考えると、コンサルタントの時間を無駄にすることは、間違いなく御法度行為であろう。

ただ出席しただけではいないのと同じ

タスクを進める上では、自分1人でタスクに向き合い、考え、手を動かす時間と、メンバーと話し合いをしたり会議に出席したり他者と連携をしながら遂行する時間がある。

この2つを明確に切り離すことはできないと思うが、1人で黙々とPCをタイプしている時間と、会議室で壁打ちをしている時間はなんとなく仕事の進め方が違うイメージを持っていただけるだろう。

他者とやりとりをしながら仕事を進める時間では、必然的に相手に考え方を伝える必要が出てくる。検討した自分の意見を周知させるためにも、この時間は集中して臨みたいところだ。

しかし、はじめてのメンバーでの話し合い、自分は一番若手のインターンというような状況

になると、多くの場合は怖気づいてしまい、自ら発言することができない。
間違えたらさらし者になると思っているのか、緊張しているだけなのか、それとも指名されてから何か言えばいいと思っているのか……。いずれにしても、大抵の場合は沈黙していて、しまいには「え、いたの？」と思われることもある。こうなってしまうと最悪だ。
私もMAVISに入社して少ししたころの会議で「会議に出席しただけ、いただけでは存在していないのと一緒。もっとがつがつ感がほしい」と言われたことがある。たしかに、〝空気〟になってしまっては別のことをしていたほうがマシだと言われても仕方がない。
言うまでもなく、シチュエーションごとに的を射た発言ができるのがベストだ。しかし、定期的にある会議で、インターンが毎回クリティカルな発言をするのはなかなかハードルが高い。だが、実際には**発言内容以上に何かを言うこと自体に価値が出ている場合もある。**

少しずれた発言をしてしまったとしても、その発言によって以降の会議の話題が広がり、発言をすること自体のハードルが下がれば、何を言ったってプラスにしか作用しない。

インターナル[※10]の会議であればなおさらそうであろう。**むしろ、黙っていればいるほど、どんどん発言がしづらくなる。会議において〝発言をしない〟という選択肢をなくした以上、いずれ声を発することになるのだから早めに手を挙げたほうが楽だ。**

Bad Newsほどすぐに報告

インターンで働く中で、スケジュールを見誤ってタスクがさばききれそうにない、データ分析で数値がずれてしまっていたなど何らかのミスを犯してしまった際には、どのような対応を取るべきだろうか。

もちろんミスは起きないほうがいいのだが、誰しも失敗することはある。加えて大抵の場合、同じミスを繰り返さなければ許されるケースのほうが多い。けれども、そのときにどういった対応を取れるかによって、次に何のタスクを任されるか、メンバーにどのように見られるかが変わってくると思っていい。

結論、**Bad News ほどすぐに報告ということを忘れなければ、まず間違いはない。**

ミスが起きたと仮定して、すぐに報告をしたケースと最後まで隠し通そうとしたケースがあるとする。

すぐに報告をした場合は一時的に怒られる可能性はあるが、この人は自分にとってマイナスの情報でもきちんと伝えてくれる人だという印象を与えることができる。

一方で、ミスを報告しなかったケースはバレても地獄、バレなくても地獄だ。報告しなければならないレベルのミスは、まず隠し通すことができないので「何でもっと早く言わないの？」となる。バレなかったとしてもメンバーの誰かが自分のミスによる帳尻を合わせるために動くことになるので、どちらにせよ全体に迷惑をかけているといえる。

自分で何とかできるレベルのミスであればわざわざ言う必要はないが、**少しでも雲行きが怪しいのであれば、真っ先にメンバーや上司に報告するべきだ。**

隠したい、なかったことにしたいことほど報告することをためらってしまうのが人間だが、インターンがしてしまうミスというのは、言わないことによって後から生じる被害のほうが大きい。

一時的な羞恥心よりも、中長期的な信頼を獲得する思考でいてまず損はないし、**上司を安心させることも部下の仕事のひとつだと思っている。それに、「この人なら何かあったとしてもすぐに伝えてくれるから、安心してタスクを任せられるな」と上司に思わせられなければ、いつまでたっても仕事の幅は広がらない。**

※10　インターナル　社内会議。インターナルミーティングの略称

Office製品を使いこなす ―Excel編―

Excelが汚いやつは家も汚い

「汚いです」。

体裁面で指摘を受けるとき、この言葉を何度も聞いた。汚いというのは、体裁に何かしらの不備があり、誰が見ても分かりやすい状態になっていないことを指す。

体裁を気にしなければいけない理由は、そこに提出する人への気づかいが表れるからだ。そもそも見た目が悪いと内容を見る気にもならないし、Excelの見た目が悪くていいことなどひとつもない。

現代の学生は、学校での課題提出やプライベートで何か作業をする際にも、何かとExcelを使う機会が多い。そういった用途でExcelを使う分には体裁をうるさく言われることはないだ

ろうが、仕事となれば話は別だ。

MAVISでは、日々の業務を通した気づきや学びをコラムというかたちで毎週ホームページにアップしている。そこで、［綺麗なグラフは綺麗なエクセルから］というタイトルの回がある。この回で、**「いつ何時でもクライアントに出せるExcelにしておくべきだし、内部での引き継ぎがある場合でもExcelが汚いとどこからどのデータを引っ張ってきたか分からず全員不幸」**との一節がある。

まさにこの言葉の通りで、**ひとたびファイルを開いたら、次に同じファイルを見る人が嫌悪感を抱かないようにする責任は自分にある。**一度手をつけたファイルを共有することは、〝このファイルは誰に見られても問題がないぐらい整っていますよ〟という意味を持つといっていい。

「Excelが汚いやつは家も汚い」。

提出したExcelが汚いことを伝えられるときに耳にする言葉だ。以来、部屋を散らかすこと＝業務にも支障が出ることと信じ込むぐらい、この言葉がすり込まれている。

今となっては、Excelでの作業が滞っていると、とりあえず部屋をピカピカにしなければと思ってしまうぐらいだ。ここまでくるとやりすぎなのではと感じるかもしれないが、やりすぎぐらいの意識下にあるほうがちょうどいい。

体裁を整えることができるかできないかは能力の問題ではなく、やるかやらないかの意識の問題である。**〝人にファイルを提出するときはきれいにして出すのが当たり前〟の精神を叩き込んでおいて悪いことはない。**

体裁の確認が「なんか変だな」という感覚を生み出す

いちいち面倒くさいなと思うかもしれないが、はじめはひとつひとつ意識的に注意して体裁を確認していくことになる。毎日のようにそんなことをしていると、じきにこれがルーティンになってくる。体裁を整えないとむずむずしてくるのだ。**しまいには汚い Excel を見ると感覚的になんか変だなと思うようになる。**

このなんか変だなという感覚が生まれると、もう指摘を受けることはほぼないといっていい。ここまでくると、意識して確認する前に手が勝手に動いているので、きれいな Excel を作ることは全く苦ではなくなる。むしろ汚い状態で提出しようものなら、そんなことをしている自分自身を嫌悪するようになっている。

図表1　Excelを使用するときのお作法（MAVIS PARTNERS株式会社の場合）

お作法	なぜ？
セル結合は使わない ➡罫線の工夫や、選択範囲で中央を使う	・データの編集がしにくくなる ・行や列の選択時に、不要な部分も選択されてしまう
行や列の非表示は使わない ➡グループ化を使う	・作成者以外が見たときに、非表示にされていることに気づかず混乱する ・グループ化なら、隠されていることが分かるし、すぐに開ける
単位が分かるように、3桁ごとにカンマを入れる	・そうしないと数値を勘違いする（特に印刷すると判断がつかない）
ウインドウ枠は固定する	・大抵のシートは下にスクロールする必要があるため、見やすいように
横スクロールしなくても全体を確認できるようにする ➡作業用の列はグループ化するなどして、全ての列が見えるようにする	・横に長いシートは見づらい、かつ確認に時間がかかる
縮尺は80～100％ フォントサイズは11pt	・文字が小さくて読めなくなることを防ぐ
印刷設定をする	・すぐに印刷できる状態でないと、手間がかかる
使用カラーは、MAVISカラーまたはクライアントのコーポレートカラー（表の右側がMAVISカラー）	・統一感が出る ・見慣れない色だと、初見でウッとなる
余分なシートは削除する	・単純に無駄
保存時にカーソルをA1に合わせておく	・作業者以外は、最後に作業した部分に興味がない ・変なところにアクティブセルがあると、一瞬混乱する

見た目をきれいにする必要があるのは分かったが、では、どこにどう気を配ればいいのか。あくまでも一例だが、具体的に何をすればいいのかを挙げてみた（図表1）。

この表に記載されているお作法は一部にすぎないが、Excelで作業をする際には確実に押さえなければならないポイントといえる。はじめてこれらのお作法について指摘を受けたときは「なぜ？」と思ったが、実際に業務でExcelを使用するようになると、この指摘の意味がよく分かる。

例えば、〝セル結合は使わない〟というお作法だが、Excelでデータ分析やリサーチをしていると、結合しているセルのせいで何かと不都合が多いことに気がつく。フィルタでくくることができなかったり、範囲エラーが出現したりするためだ。これは完全にご法度といっていい。

ここまで体裁のことをいうのには理由がある。**見る人を不快にさせてしまう可能性があることはもちろんだが、最悪の場合、内容を見てもらえない恐れがあるからだ。**

この悲惨な状況が、実体験としても何度かある。せっかく時間をかけデータ分析をしたのにもかかわらず、お作法が抜け落ちていたせいで、「汚いので中身は見ていません」、「人に見せる気はありますか？　本当にこのままクライアントに出せると思っていますか？」と指摘を受けたことがある。

お作法を守ることは何を書いたのか以前の問題で、体裁が守られてはじめて、内容を見てもらう水準に値することを象徴するやりとりのように思う。

体裁以外のテクニック

ここまで体裁に関する話をしてきたが、これは前提となる部分のため、これだけではExcelを使いこなせているとはいえない。いろいろなテクニックがあるのだろうが、ここでは関数とフォーマットについて触れたいと思う。

関数はMAXやAVERAGE、RANKなどの演算、SUMやCOUNTIFなどの集計、IF、ANDなどの論理・分岐、MID、LEFTなどの文字列、YEAR、WEEKDAYなどの日付系というように、用途に応じて大まかに分類ができるようになっている。

頭の中でExcel内の何をどういじりたいのかイメージして、それに適合するような関数を選択すればいい。はじめは検索しながらだろうが、使用頻度が高い関数は自然と頭に入るようになる。

データ分析やリサーチの内容次第でExcelの何をどう構成するのかは変化するが、型のようなものを作っておくと、その都度型を少しいじるだけで本作業に入ることができるため楽になる。いわゆるフォーマットだ。使い回しができるよう、あらかじめセルを空欄にして表や枠組みを作っておこう。

注意しなければならないのは、Excelの構造上、セルを埋めることばかりに意識が向いてしまうことだ。

特に、型に当てはめるかたちで表を作成していると、全てのセルに情報を入れたくなる。意味のある情報ならばよいのだが、**とりあえずマスを埋めたから満足！という思考に陥ってしま**

うのは避けたい。

少し話は脱線するが、ＰＣ作業の際にマウスを使う派、使わない派、あなたはどちら派だろうか。個人的にはマウスを使わないことを圧倒的におすすめしたい。理由は単純で、マウスを移動する時間がもったいなく、作業効率が落ちるためだ。

マウスの移動なんてものの数秒と思うかもしれないが、いちいちＰＣからマウスに手を移動させる動作を繰り返すとなると、１週間、１カ月、１年のスパンで見るとかなりの時間になる。

特にExcelの作業ではシートを飛んだり、複数のセルを一気に見たり、何かと目線や手の移動が多い。もちろん個人の自由だが、**ＰＣのタッチパッドでマウスと同様の動きができるのだから、わざわざマウスを使う必要はない**のではないか。

Office製品を使いこなす
―PowerPoint編―

いきなりスライドを作りはじめると微妙な出来になる

PowerPointで資料を作成するとなったら、あなたは何をすることからはじめるだろうか。とりあえずページを開いてPCをタイプするか、まずは載せる情報を集めるか。人によってやり方はさまざまだろうが、**私は紙に構成を書いて整理する方法をおすすめしたい。**

というのも、そもそもスライドには、

①　タイトル
②　メッセージライン
③　ボディ

図表2　スライドには据え置きの5つの要素がある

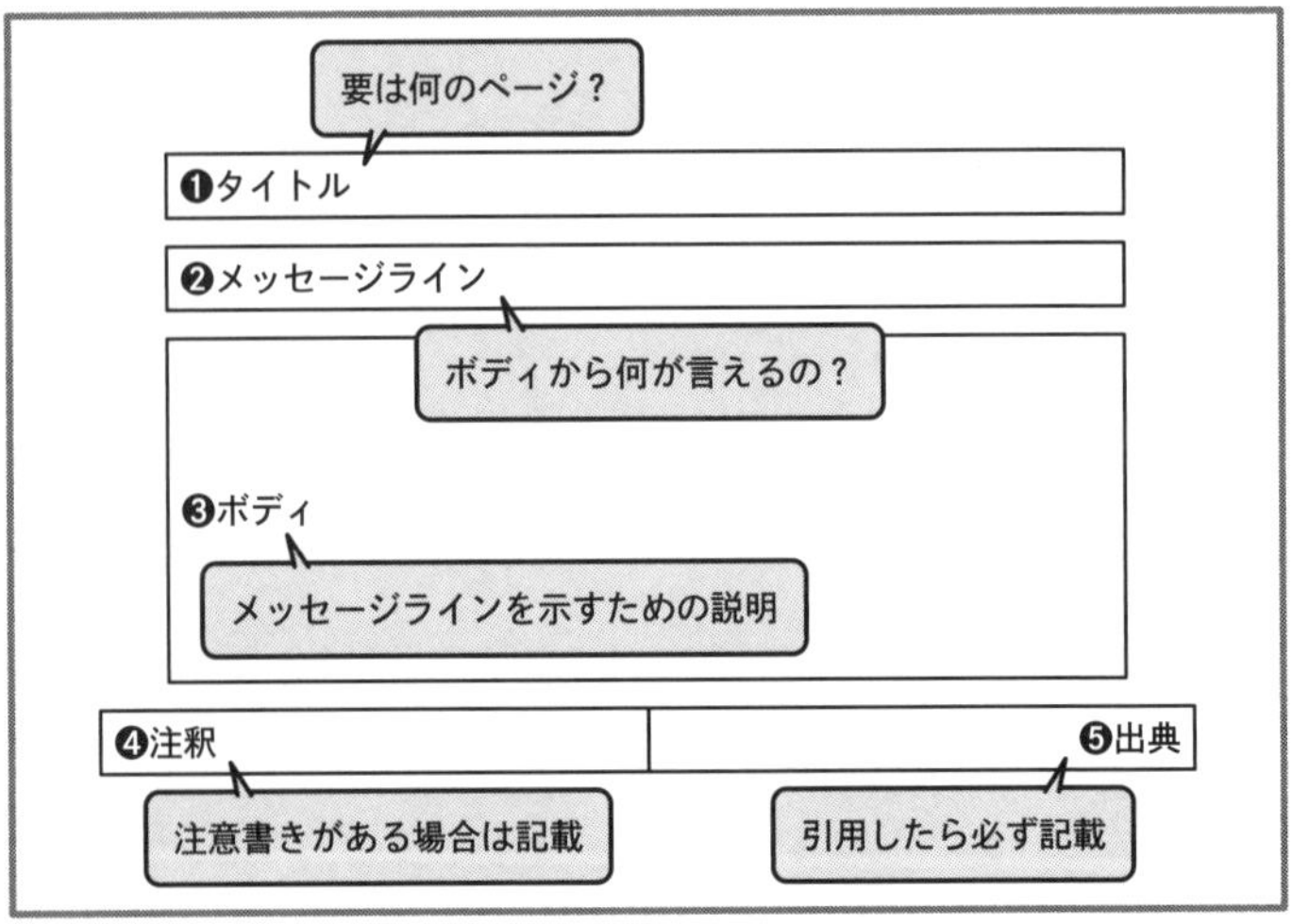

④　注釈
⑤　出典

がある。

図表2を見ていただきたい。①〜⑤は基本的に据え置きで、ページによってこの5つの要素がなくなることはない。

紙に構成を書いて整理するというのは、この①〜⑤に何を書いていくのかを考えながら、どんなグラフや表を使うのか、縦軸と横軸には何を書くのか、オブジェクトをどこにどう配置するのかを設計していくことを指す。

つまり、実際に手を動かしてPowerPointを操作しているときには、すでに何をどう書くのかはおおよそ決まっていることになる。

PowerPointを操作しながら、ああでもないこうでもないと悩むことにはならないのだ。PowerPointで資料を作成することは、設計図に情報を付け足しながら、紙に書いてある①〜⑤をPowerPoint上で再現していくことという言い方が最もふさわしい。

逆に言えば、この①〜⑤がないスライドはもはやスライドではない。特にMAVISのように資料自体が成果物としてクライアントに納品されるような業界では、より一層この点がシビアに見られる。

紙に書くという工程を挟んだほうが手元で簡単に修正が利くため、行ったり来たりが少ない。「ここにこれも書きたいな」「この線は不要だな」という具合に、資料のイメージを膨らませながら考えることができる。

はじめはこの構成がいいと思っていたけど、紙でいろいろ考えていたら全く違う構成になっていた、ということもよくある。紙のフェーズを省略してPowerPoint上で同じことを行おうとすると、軸が行き来したり、まだ構成を考えている段階なのに内容よりもオブジェクトのズレが気になってしまったりなどして、なかなか思うようにいかないのである。

それに、PCを毎日使うようになってからだろうか、紙とペンを手に取って、机に向かい、ガリガリやっているあの時間があるほうがはかどる気がしてならない。

1スライド1メッセージが基本中の基本

スライドの①〜⑤の中で最も重要なのは、②のメッセージラインだ。プレゼンを聞いている人から、「結局このスライドってどういうこと？」と言われたときに、「つまり、○○です」と言える内容がここに書かれる。

まず、この1枚で何が言いたいのかを②にもってくる。ゆえに、構成を考える際は②から考えていくことになる。そこが決まったら②のメッセージを言うためにはどんな内容が必要なのかを考える。ここではじめて、そのほかの要素が埋まっていく。ボディから考えてメッセージラインを書く順序だと、「何を言いたいのかは決まっていないのにファクトだけ集めました」となってしまうので、必ずメッセージライン→それ以外の情報の順で進める。

肝心のメッセージラインだが、メッセージラインにいくつも情報が散りばめられていることはあり得ない。**〝スライド1枚につき、聞き手に伝えたいことは1つまで〟が鉄則だ。**

ゆえに、伝えたいことが2つ以上ある場合は、ページを分ける必要がある。

何でもかんでも情報を盛り込んでいては、PowerPoint のキャパ的に無理がある。1スライド

図表3　PowerPointの構成は大きく分けて2つしかない

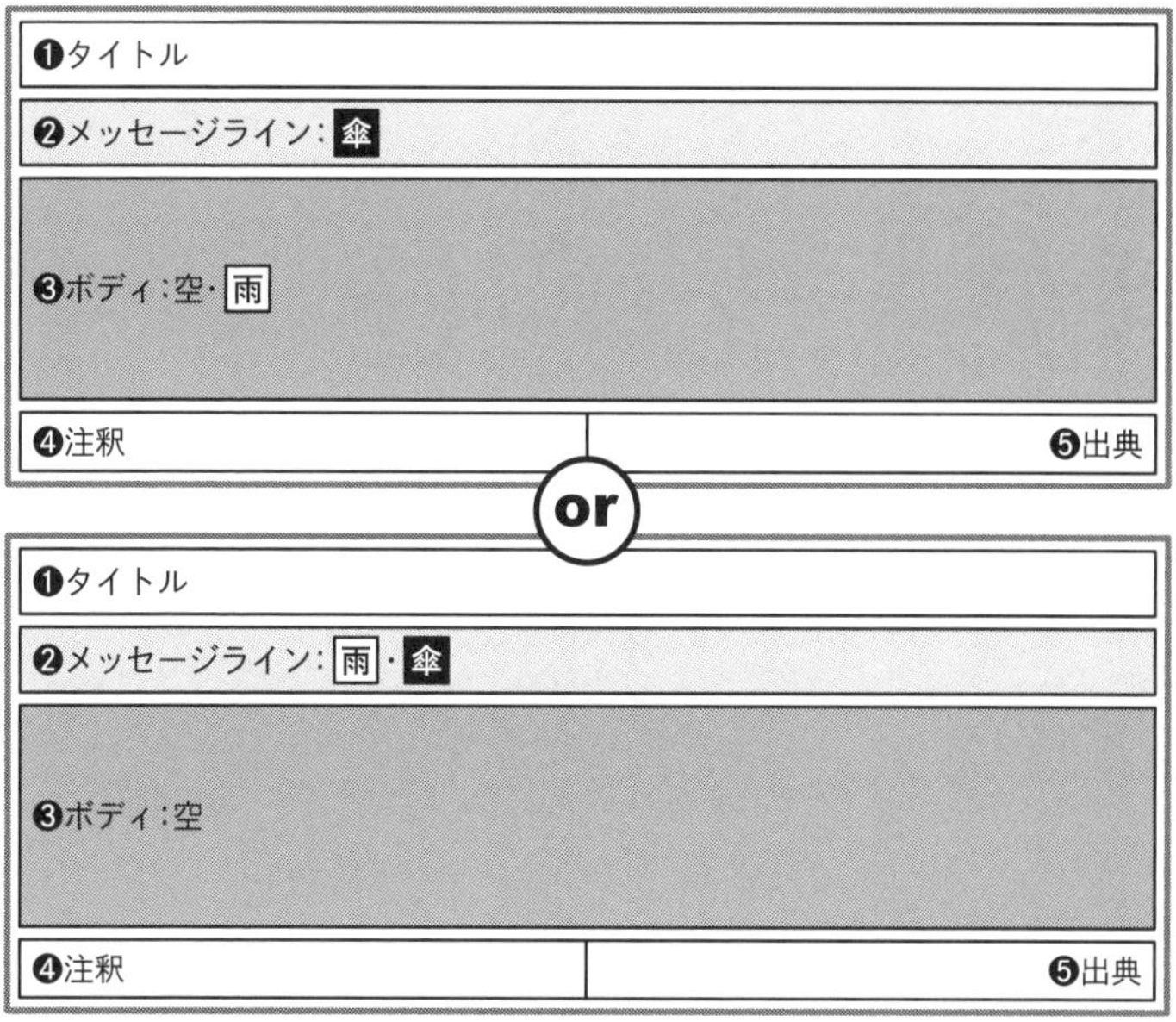

1メッセージの前提でスライドを作ると、必然的にキーメッセージを選定するようになる。載せられる情報量が限られるとなれば、1枚1枚で聞き手にどんな行動を促したいのか、どうしてほしいのかを、より深く考えるようになる。

　メッセージラインをびしっと書くには、空・雨・傘の概念理解が有効だ。空・雨・傘というのは思考を整理するための有名なフレームワークのことで、空・雨・傘はそれぞれ事実、解釈、行動のことを指す。

　図表3は、PowerPointにこの概念を当てはめたものだ。PowerPointの構成

は大きく分けて2つしかない。ボディに空・雨、メッセージに傘がくるパターンと、ボディに空、メッセージに雨・傘がくるパターンだ。

どちらのパターンであっても、メッセージラインに傘（＝聞き手に促したい行動）がくることは必須であり、ボディに書いてあることをまとめるのがメッセージラインではないのだ。「～するべき」、「～したほうがいい」、「～の認識で問題ない」など、話し手から聞き手への〝こうあってほしい〟を伝えるのがメッセージとなる。

自分が説明をしなくとも、説明をする想定で1枚に魂を込める

スライドは誰かに見せるため、発表をするために作るものだ。スライドが完成することは、それらを用いながら話をする機会があることを意味する。

インターンとして資料を作る機会は毎日のようにあるが、クライアントと議論をするタイミングが高頻度であるわけではない。ゆえに、自分が作成した資料をほかの人が使うというシチュエーションが度々起こる。説明をする人からすれば、自分が作っていないページについて話さなければならない半面、インターンからすると、「このページは自分が説明をするわけではないな」といった気の緩みが出る瞬間でもある。

自分が説明をするスライドとそうでないスライドで、クオリティが変わってはいけない。

自分が説明をする場合は、構成を考える段階から、「このタイミングで上のオブジェクトに触れて、次に横の事例を説明して、最後に示唆を繰り返して言うのが分かりやすいかな」という具合に、**最終的にどう説明するのかを考えている。**話す内容とページの内容を行き来しながら、一連のストーリーをイメージしてかたちにしていく。クライアントの顔を思い浮かべながら、「○○を言ったら驚くだろうな。△△を示したら、いい議論になりそうだな」などと想像するのもまた面白いところである。

本来、自分で説明しない場合でも同じことをしなければならない。説明をしようがしまいが、同じように作る必要がある。自分が説明をしないからといって、ほかの人がうまいこと話してくれるだろうから何とかなると思ってはいけない。説明をする人のことを考えれば、メモや参考情報を欄外に残す、思考プロセスを書いておくなどの工夫ができるだろう。

そもそも、「ほかの人が説明するから、これでいい」と思っているうちは、スライドが完成したとしても、それっぽいけどどこかいまいちの1枚しかできない。

常に自分が最初から最後まで説明をするつもりで作ってこそ、納得のいく1枚が完成する。

リサーチの極意 ―仮説編―

「とりあえず探すこと」はリサーチではない

上司から「食品メーカーA社の競合情報について調べてください」という指針を受けたとしたら、何から着手するだろうか。まずはA社について理解するために調べる、A社と商品・サービスが被っている会社について調べる、食品メーカーの売上ランキングと各社の事業内容から調べるなど、さまざまあるだろう。

ここでは、調べる順番がどうこうというより、何を調べるにしても、〝とりあえず検索すること〟はやめるべきだといいたい。リサーチは闇雲に情報を取ってくることではなく、情報を収集・整理・加工し、断片的な事実から意思決定に寄与する示唆を抽出することだからだ。要するに、単に情報を探すのではなく、調べた情報から新たな知見を得るために目的を持って行

う活動だといえる。

これを実践するためには、仮説の構築が欠かせない。細かいことをいうと、まずは**仮説を作るためのリサーチと、仮説を検証するためのリサーチがある**ことを念頭に入れておくべきだ。

これは、リサーチには2つの目的が存在することを意味する。1つ目は**正しい論点を設計し、初期仮説の構築を目的としたリサーチ**、2つ目は**構築した仮説の検証を目的としたリサーチ**だ。

1つ目は、筋のいい仮説を立てるために知識を収集する必要があるため、新聞記事やまとめサイト、業界本などを用いながらクイックに、情報を広く取ってくるイメージだ。

2つ目は、仮説を裏づけるための根拠となるファクトや具体例を収集するため、アナリストレポートや公的機関の調査レポート、論文や関係者インタビューなどを用い、時間的工数をかけながら濃い情報を取ってくるものだ。

最初の質問に戻ると、「食品メーカーA社の競合情報について調べてください」という指針に、「食品メーカーA社は10～20年後にかけて北米に販路を拡大し、商材Xを売り込んでいくつもりだが、競合にも似たような傾向があるのではないか」といった仮説があれば、2つ目のリサーチを行うことになる。

どちらの目的でリサーチをするにしても、仮説を立てる前のリサーチなのか、仮説を立てた後のリサーチなのかによってやるべきことが違うという理解はしておくべきだ。

ダメなリサーチといいリサーチの違い

「まずは調べる」ではなく、「仮説を構築しきって、何を調べるか明確にしてから取り掛かる」ことがリサーチである。

理想はリサーチ設計を行ってから手を動かすところに着地するのだが、この前提を踏まえた上で、仮説思考で調べを進めるにあたり、リサーチとはこうあるべきという一連の流れを示したい。

まず、リサーチのお題が与えられる。この時点で分かったような気で進めるのではなく、リサーチの目的や背景を確認しておくとよい。次に、想像やすでにある情報で仮説を作っていく。この際に、もし仮説が思いつかなかったとしても、AよりはBの方向性になりそうだなという具合で、スタンスぐらいは取っておく。

これができたら仮説の検証方法を決める。その際にデスクトップリサーチだけでなく、インタビューや書籍も入れると生々しい情報を得やすい。

以降でやっと調べる段階になるのだが、ここまでで何をどう調べるのかが明確になっているので、無駄なくリサーチに取り掛かれる。

リサーチ設計をしていないと、どんな情報が見つかれば調べが終わるのか分からない。膨大な量の情報を見ていると、何が何なのか分からなくなってくる。加えて、時間をかけて調べてしまった手前、後戻りできないという最も避けたい事態に陥る。

リサーチ設計をすることで、得た情報から無理に結論をひねり出すのではなく、必要最低限の情報で仮説の正誤が判断できるのだ。

一方で、仮説はあくまでも仮説。どんなに確度の高い仮説でも、それが必ず合っているという保証はどこにもない。検証した結果、仮説や論点が変わることもあるので、当初の仮説にこだわりすぎないマインドも必要だ。

インターンは上司から論点を与えられることが多いだろうが、ここでも盲目的に信じずに、**「本当にそうなのか？」と疑いの目を持つことが仮説のブラッシュアップにつながるコツであろう。**

仮説を立てることは必須だが、はじめから完璧な仮説を作ることはほぼ不可能だ。「デスクトップリサーチやフィールドワークを積み重ねながら仮説の答え合わせをして、もっと質のいい仮説を作っていくぞ」という心意気でいたほうがいいだろう。

定義が違うと、結果も違う

あなたがキャリアアドバイザーだとして、「留学先を選定するにあたり、英語を習得する上で役立ちそうな留学先はどこかを調べて、教えてください」と言われたとしよう。

このシチュエーションの場合でも、リサーチ設計は欠かせないのだが、それ以前に行うべきことが存在する。**問いで曖昧な部分を明らかにすることだ。**言い換えると、言葉の意味をクリアにして、共通認識を取ろうとすることだ。

例えば、「英語を習得する上で役立ちそうな」とあるが、習得とは具体的にどんな状態のことを指すのか、役立つとは何がどう作用すれば役に立ったといえるのか、といった部分である。人によって感覚はまちまちなのだろうが、この点が明確になっていないと間違った結果を出してしまう。

試しに、留学予定者が就活前の大学2年生、1年間日本を出ると仮定して、「習得する」と

英語習得に役立つ
留学先を調べてくれる?
習得って…
こういう
ことですか?

「役立つ」の定義づけをしてみる。

習得するというのは、留学後、TOEIC 800点に達していること。役立つとは、リスニングスコアを100点上げるために、毎日ネイティブの人たちとグループワークやディスカッションをする場があること、定期的なテストで理解度が確認できることと定義する。

英語を習得するとあるので英語圏の国々から見ていくことになるだろうが、この定義づけがあれば、リサーチ先を一気に絞り込むことができる。リスニングや対話の授業に特化している言語学校を調べればいいし、留学前後でテストスコアが上がった実績の多い学校を中心に見ていくことになるはずだ。

これはあくまでも例えの話で、留学に限れば

結局自分次第といえるのかもしれないが、定義が明確になっていなければリサーチはスムーズに進まない。

日常会話が話せれば習得の域に達したと思っている人と、ビジネス英語が話せないと習得したうちに入らないと思っている人とでは、留学に求める水準が異なるのは明白だ。

どんなリサーチであっても、言葉のニュアンスがふわっとしたまま進めてしまうと無駄な情報をあたることになり、意図している答えにたどり着きにくい。仮置きでもいい。人によって見方が違うものこそ、「今回は〇〇を××とします」と定義づけをはっきりと示すべきだ。

リサーチの極意 ―ファクト編―

調べても調べても情報がないときはどうすればいいのか

ネット、テレビ、書籍、インタビュー記事など、現代には情報が無数にころがっている。情報の質に差はあれど、知りたいことがあるのに知るすべがないという状況にはまずならない。むしろ、正しい情報と間違っている情報が入り混じりすぎて、情報の取捨選択に頭を抱えることのほうが多い。

リサーチにおいても、おおかたこの状況に変わりはないが、内容次第では情報を拾いきれないことがある。「調べれば大抵のことははっきりするのに、情報がないなんておかしくないか？」と思うかもしれない。しかし、企業内部にしか回っていない資料や、特殊かつ詳細なデータであればどこをあたっても見つからないことがしばしばある。

それに、リサーチのために調べる際には、どこにでも落ちているようなありきたりな情報ではなく、なかなか見つからない情報にこそ価値があるとされる。

知っている人が多いことを見つけるよりも、知る人ぞ知る情報にたどり着くほうが貴重だからだ。そのため、知っている人が多い情報であればあるほど、情報の希少性は低くなる。

ぱぱっと調べてすぐに出てくるような内容は理解しておいて損はないものの、自分以外にも知っている人は多いと思っておいたほうがいい。

この前提を加味すると、少しでも知らない人の多い情報を求めてリサーチをすることになるが、そうであればあるほど、段々情報が見つけにくくなる。

では、調べても得たい情報を得られないときはどうすればいいのか。ここで、「ないです」と言ってはいけない。**「調べたけどありませんでした」はNGだ。**実際のところ、本当になかったのかもしれないが、この発言をしてはいけない。言ったところで、「ないならないで、ほかの方法を考えてください」と言われるまでだ。

この状況を打破するには、**〝ファクトは引っ張ってくるものではなく創るもの〟と考える必要がある。**これは、単体であればいまいちの情報でも、組み合わせればいいファクトになり得ることを意味する。ファクトがないときは自身でファクトを創作し、ない情報からある情報に

すり替えてしまえばいい。情報がないこととファクトがないことはイコールにはならない。

積み上げ型と割り戻し型でファクトを操作する

ファクトには、定性的なファクトと定量的なファクトの2種類がある。定性的な情報でファクトを創る際は、情報を重ねていくパターンが多い。

例えば、「喫煙者はストレスのはけ口というよりも、口寂しさを埋めるためにたばこを吸っているに違いない」という仮説があるとする。この場合、この仮説と同じ文章の情報がなかったとしても、喫煙者のストレス解消法と喫煙者がたばこを吸う理由という2つの情報があれば、この仮説の正誤が判断できる。

このように、**定性的なファクトは、Aという仮説を証明するために、BとCの情報のいいとこ取りをしていく流れが定説だ。**

一方で、定量的な情報からファクトを創る際には、積み上げ型と割り戻し型の2つの型が存在し、どちらにも四則演算を用いる。

積み上げ型は、定性的なファクトを創ったときのように情報を上乗せしていくイメージで、割り戻し型は総計から不必要な要素を取り除いていくイメージだ。

ほしい数値として、「コンビニの市場規模」があったと仮定する。この場合、積み上げ型を採用し、数量×単価＝コンビニの建築件数×平均単価で大まかな数値を求めることができる。細かいことをいうと、地域によってコンビニの数は違うだろうし、客層も変わるはずだ。本来であれば、もっと詳細な場合分けが必要だろうが、ここでは積み上げ型と割り戻し型のイメージ、およびファクトを創ることの概要を押さえていただきたいので割愛する。

これが、「コンビニ業界におけるファストフード購買額」がほしい数値としてあった場合には、割り戻し型が適切であろう。総合計×比率＝コンビニ業界の売上×売上高に対するファストフードの購買比率で、大まかな数値が求められるはずだ。

おそらく、例として挙げたものは調べればすぐに出てくるような情報だろうが、前提条件が複雑な場合や情報の少ない事例に対して仮説検証をしなければならないときには、〝ファクトを創る〟が肝心になる。

自分しか知り得ない情報を創ることができればそれだけで情報の価値は上がり、ファクトを操れるようになれば、リサーチの難易度は一気に下がる。

ファクトを創り出すことにやましさを感じてはいけない

仮説を構築し、検証していくことがリサーチなのに、「ファクトを創るもの」だなんてずるくないかと思っていた時期があった。ファクトを創っていいのであれば、仮説がいまいちでもうまいこといきそうだし、もしそうであれば、どんな仮説でも裏づけられるのだから、そもそも仮説を立てる必要自体ないのではとすら思っていた。

しかし、この考えはリサーチのあるべき姿とかけ離れている。ひとつ前の見出しでも触れたが、当初の仮説にこだわりすぎてはいけないことがｋｅｙで、重要なのは問いに対する答えを出すことだからだ。

仮説は正しくても正しくなくてもよくて、ファクトをもとに何度も仮説を再構築していくこ

とがリサーチの理想である。

MAVISのインターン選考を受けた際に、面接の逆質問にて「仮説を裏づけるためにファクトを集めるって無理くり感があって、意図的に情報をコントロールしている気がします。この点に違和感を覚えるときがあるのですが、どう思われますか？」と聞いたことがある。

面接官はコンサルタント兼採用にも携わっている方であったが、回答は、「論理的かつ正しい内容であれば、何よりも正しい事実になるし、そもそも世の中にある情報は意図を持って創られているもののほうが多いので、気にする必要はないです。それよりも精度の高い仮説を立てて、ファクトをもとに仮説を立てなおすサイクルをぐるぐる回していくことのほうが大事です」というものだった。

この答えは言い得て妙で、まさしく当初の疑念を払拭することにリンクする。

ここまでで、さまざまな観点からリサーチ像を語ってきたが、最後に調べた内容をまとめる際の留意点を示したい。

第三者が見て分かりやすい状態にしておくことや、出典を必ず明記することは皆が意識するポイントであろうが、〝ファクトと示唆の混在〟は抜け落ちているケースが多々見られる。

情報を見てどのように解釈したのかは自分の考えであって、ファクトではない。何がファクトで何が示唆なのか、同じWordにごちゃまぜにして書いてあると、見ている側は理解に苦しむ。資料としてまとめる際にも、「どこからどこまでがファクトなんだっけ？」となりかねないので注意しておきたい。

ファクトの番人になる

〝言葉を知っている〟だけでは不十分

リサーチのくだりからファクト、ファクトと連呼され耳が痛いかもしれないが、もう少しこの流れが続くのでご了承いただきたい。

「広告の効果測定に力を入れ、テレビCMをマーケティングの一環にしているなど、テレビ広告に力を入れている企業を調べてください」という指針を受けたとする。言うまでもなく、ここまでで説明した通り、定義を確認し、リサーチ設計をして調べを進めていくことになる。

ここでありがちなのが、「A社は、○○というテレビCMを打っており、社内外で評価されているようです」だけで終わってしまうケースだ。これはきちんと問いに答えているにもかかわらず、残念なケースに該当する。

A社のCMは
社内外で評価されている
ようです

このままだと、「どこが残念なケースなの？　さっきまでと言っていることが違うじゃないか」となってしまうので、もう少し言葉を正しておくと、この手の類は**物足りないケース**にあてはまる。

確かに問いに答えてはいるものの、問いとリサーチの結果が一問一答になりすぎている。

「A社は、○○というテレビCMを打っており、社内外で評価されているようです」という結果を突き止めた上で、「なぜそのようなテレビCMを打ったのか？」「そもそもテレビ広告をいつから開始したのか？」「テレビCMを開始する前とした後で何がどう変化したのか？」など、さまざまな観点から内容を追求していくことに意味がある。

問いに対する答えはもちろん、当該の事象に至った背景や経緯、目的なども含めてはじめて、問いの答えとしての価値を成す。「AかBのどちらか?」に「Aです」と形式的な答えを出すだけでは不十分ということだ。

分からないことでも、検索すれば大抵のことはすぐに解答が得られる。だからこそ、聞いたことがある、言葉だけ知っている程度では、「使えませんね」となってしまう。

問いに対する直接的な答えは、いわば一本の細い軸だ。これだけだとすぐに折れてしまうので、この軸をベースにいろいろな付属品を肉付けしていって、軸を強靭な幹のように骨太にしていく必要がある。したがって、「はい! 調べられました!」と言うときには、問いに対する答えと、答えに関する周辺情報も押さえられていなければならない。

知っていることと理解していることはイコールではない

「問いだけではなく、問いに関連する情報もゲットしました!」となれば、次に待ち受けているのは、〝知っているではなく、理解している〟に努める段階だ。知ることと理解することの線引きは、はじめて内容を見る人に対して分かりやすく説明できるか否かだと思っている。

ただ情報を羅列しただけでは、どんなに質のいい内容であっても語れない。聞き手の第三者から、「つまりこれってどういうこと?」、「もっと身近に例えるとどんな感じ?」と突っ込みを受けても淡々と解説し続けられるレベルに到達したときにはじめて、自信を持って理解したといえるはずだ。

インターンを通じて、業界の有識者にインタビューをする機会があった。そこではネットには載っていない、インタビュイーの経験がもととなったリアリティのある話を聞くことができた。

物事を本質から捉えようとするときには、ネットの情報は有効ではあるものの、デスクトップリサーチだけでは情報のクオリティには限界がある。情報量と手っ取り早さで検索に勝るものはないのだが、一次情報に当たりにくいことや、定型的な文章ばかりが並んでいることに弱点がある。

〝情報は自分の足で取ってくる〟という貪欲さを差し置いて、物事を真髄から理解するのは極めて難しい。

一方で、時として、理解しているにもかかわらず、第三者に理解していないように思わせる局面も存在する。インタビューの話が登場したのでそれに付随する話をすると、インタビューを含め、外部の人と会話をする際には、相手に気持ちよく話してもらうことを真っ先に考える必要がある。

その際に、**たとえ自分が理解している内容の話がはじまったとしても、あたかも初めて聞いたような反応をしておいたほうが、その後の時間を有効に使える。**

インタビューであれば、「そんな考えがあるのですね！　ほかには何かありますか？」というように前のめりに相づちを打ち、相手を気持ちよく多弁にさせたほうが情報を引き出せる。

知ることから理解することへのステップアップを遂げ、時には役者として会話のハンドルを握るまでになれたらこの上ない。

その道の専門家になれるまで突き詰める

〝知る↓理解する↓説明する〟の先にあるのは、専門家といえる水準に到達することだ。これは、社内で「企業広告におけるＥＳＧの導入に関しては、○○さんに尋ねてみるのが一番早い」、「機関投資家と個人投資家のニーズの違いについてだったら、△△さんに聞けば大抵のことは解決できる！」というように、特定の分野で社内の誰よりも物知りになることである。

従業員数がそれなりにいる場合は、同じ部署内、同じプロジェクトのメンバー内、ないしは若手界隈内でといった少し狭いくくりでもいい。いずれにしても、「これだけは誰よりも知っています」、「社内でこの話をさせたら私の右に出る人はいません」となることがベストだ。

クライアントからの受領資料に書かれていた数値や事実は、全部頭に叩き込んでおく。リサーチした外部情報についても、いつでもパッと答えられるようにした状態のことを〝ファクトの番人〟と呼ぶ。若手はまずここで価値を出すしかないと、社長の田中が新卒のときに先輩から言われた言葉だそうだ。

私も、MAVISでインターンをはじめて間もないころは、「ファクトの番人といえるぐらいまで調べてください」と口酸っぱく言われた記憶がある。

コンサルタントにおける若手、いわばインターンからアナリストあたりのポジションは、各論点に対していい仮説を立ててそれを検証していくことや、上司の「クライアントにこれを示したいので、それが証明できるファクトを取ってきてください」という指示をクリアすることがメインの業務内容になる。そのため、**ファクトの番人になれるかどうかがチーム内における自分の価値を左右するといっても過言ではない。**

ファクトの番人になれれば自分の名前が売れ、社内で人員争奪戦が起きる可能性だってある。

MAVISのようなコンサルタント業務であれば、プロジェクトは数カ月から数年単位のスパンで行われることが多く、その都度メンバーが変わることがある。その際に、「〇〇さんを自分と同じプロジェクトチームに入れてください」、「インターンの〇〇くん、うちにアサインしてくれませんか？」というような状況が起こり得る。

生ぬるく、ただタスクをこなしているだけではまずこうはならない。**インターンは社内で取り合いにならなければいけないし、そのためにはファクトの番人になることが必要条件といっていい。**

「Why so? So what?」

自問自答を繰り返してこそ内容は煮詰まっていく

ファクトの番人になるには、問いに対して一問一答になるのではなく、さまざまな観点から深掘りをしていくことが大切だと述べた。

深掘りをしていく上で欠かせない思考法として、「Why so? So what?」がある。

これは有名なフレームワークのひとつで、そのまま直訳すると「Why so?」＝「それはなぜか？」、「So what?」＝「だから何か？」という質問になる。

誰の誰に対する質問かというと、自分から自分自身に対して投げかける問いだと捉えていい。

目の前にある解決すべき事象に対して、心の中で「そもそも何でこうなったの？」、「つまりこれってどういうことなの？」と常習的に唱え続ける状態がベストだと思っている。

深く考えるとは、「Why so? So what?」を繰り返すこと、己と対話を続けることといえよう。深掘りをすることが広く浅くの検討ではなく、ピンポイントで狭く深く追求していく状態を指すことはイメージできるかもしれない。実際のところどうやってそれをやるのか、となったら「Why so? So what?」のフレームワークが、すぐに実践できて取り入れやすい考え方だといえる。

この思考法はリサーチだけでなく、論点設計、仮説構築、ファクト収集、ひいてはタスクに対する振り返りなど、何に対しても役に立つ。

逆に、これがないと、何をやっても「なんか浅くない？」となってしまうので避けては通れない考え方といってもいい。リサーチの深掘りはひとつ前の見出しで軽く触れたため想像がしやすいと思うので、ここではほかのパターンを挙げてみる。

例えば、内省をしていた際に、会議で消極的になってしまい、あまり発言ができなかったという反省点があったとしよう。仮にこれの改善策が「会議で積極的に発言をする！」というものだったら、ただ真逆のことを言っているだけであって、改善策でもなんでもない。

この場合、「Why so?」つまり、どうして消極的になってしまったのかを考えないと意味をなさない。作成した説明資料に自信がなかったからなのか、そもそも会話の内容が専門的すぎてついていけなかったからなのか、理由は何にせよ、事象が起きた原因を真の意味で解決するためには、自問自答をする以外にない。

話の広げ方は論点に沿って

自問自答を繰り返すことは、深く考えることに直結するので、かなり大切なことだ。

その一方で、**深掘りをしすぎると気づいたときには話がそれていることがあるので気をつけたい。**もっともっととなり、必要以上に「Why so? So what?」を追いかけ回しすぎたら、いよいよ終わりが見えなくなってくる。

⬇会議で消極的になってしまい、あまり発言ができなかった
⬇どうしてそうなってしまったのか?
⬇作成した説明資料に自信がなかったから
⬇どうしてそうなってしまったのか?
⬇ファクトの収集がいまいちで仮説を裏づけできず、仮説の修正も行えていなかっ

たから

⬇

どうしてそうなってしまったのか?

⬇

……

という具合に、「Why so? So what?」はやろうと思えば永遠に繰り返せてしまう。

こうなってくると無限ループに突入してしまい、キリがなくなってしまう。そしてしまいには、話が脱線しすぎて何について考えていたのか分からなくなる。

考えたはいいが、半分以上は当初の話からズレていて無意味だったとなってしまってはもったいない。

「Why so? So what?」はあくまで話を深掘りするための方法のひとつ。自問自答をすることが目的化してしまうと、思考停止で作業的に聞くだけになってしまうので注意が必要だ。

その上で、たまには「今って何を解決したいんだっけ? そもそも何について考えていたんだっけ?」と思考を戻してみる時間があってもいい。

「Why so? So what?」の2つは互いに行き来できる関係性になっているので、戻って話がそれていないか確認ができる。「Why so?」で深掘りをしたら、その解答に対して「So what?」を投げかければ、ひとつ前の内容に話を戻すことができる。

➡あまり発言ができなかった
➡どうしてそうなってしまったのか？（Why so?）
➡作成した説明資料に自信がなかったから

という思考の流れは、

➡作成した説明資料に自信がなかった
➡だから何なのか？（So what?）
➡結果、あまり発言ができなかった

という具合で話の行き来が可能だ。

何でもかんでも信じすぎずに、疑いの目を持つ

「なぜ？」「つまり？」に加え、ほかにもうひとつ、自身に対する問いとして重要なクエスチョンがある。**疑いを持った「本当にそうなのか？」**だ。

これは「Why so? So what?」の両方の解答に投げかけることができ、「Why so? So what?」に掛け合わせて使う方法が最もふさわしい。

ほぼ確実に「こうだ！」といえることのほうが少ないからこそ、ファクトを創ったり、自問自答を繰り返して外堀を固めていくわけだが、その際に**懐疑的な目を持つことを養うと、より一層、最終的なアウトプットとして強固なものが出来上がる。**

「本当に？」と自身に聞いて、これは確実にそうだと言い切れる状態まで水準を上げようとするために必要な問いだ。

インタビューで有識者に話を聞く際や、クライアントであれ社内であれ、自分よりも役職が上の方と話をしていると、彼らの発言が全て正しいように聞こえてくる。

実際のところ、自分よりもはるかに経験値が上の分、彼らのほうが知識は多いし、発言の内

容も納得できることが多い。加えて、インターンであれば同じインターン生以外を除けば社内外どちらでも目上の人しかいないため、この状況が頻発する。

しかし、彼らも人間なので常に全部が全部正しいとは限らない。「この見解は○○さんが言っていたから絶対に間違いない」、「いまから××さんと話をするからこの問いは全て解決したようなもの！」とは思わないほうがいい。そうなってしまったらこれもまた、一種の思考停止状態だ。

一方で、ある特定の分野に関して知見もなく、素性も曖昧な人が言っていることと、長年にわたり同分野で研究をしている教授が言っていることに優劣がつけられるのは必然である。

しかし、教授が言っているからという理由だけで、彼の発言が１００％正しいと思うのはいかがなものかということだ。あくまで、**有識者が言っていたこともまた情報のひとつであって、それをどのように解釈してどこまでをどう使うかはこちら側で考えなければいけない。**

「教授は○○と言っていたけど、それって本当にそうなの？」といった**半信半疑の視点で見ることもいい試みになる。**

プラスアルファのアウトプットを

言われたことを言われた通りにこなす難しさ

「再現性高くこなせているか?」というこの言葉。MAVISの評価基準として数年にわたって定期的に目にしている。若手だから、役職がついているからというように職位レベルの問題ではなく、どのポジションでも、再現性の高さは見られている。そしてこれは、インターンも例外ではない。

「いいときもありますが、悪いときもあります」ではダメで、常に一定以上のアウトプットを出し続けなければならない。逆にこれができるようにならないと、仕事を頼む側からしたらタスクを振ること自体がリスクになってしまう。

では、インターンが再現性高くアウトプットを出し続けるためにはどうしたらよいのか？
この解答はストレートすぎるほどストレートだ。

言われたことを言われた通りにこなす。これが再現性の高さを取りにいく上で、直接的かつスピーディーなやり方だと言い切れる。

「言われたことをやるだけなんて簡単！」と思うかもしれないが、これが思いの外難しい。私自身、この壁にぶち当たり、「言うは易く行うは難し」とはまさにこのことかと痛感した記憶がある。

特に〝常に〟というのがポイントで、「クリアできるときもあれば不十分なときもあります」では、できているうちにはカウントされない。

再現性の高さが成果を出す上での一番の成功法であると認識していても、日々、一定水準以上のアウトプットを出すのは並大抵なことではない。

巷ではしばしば、「言われたことしかやらないのは三流です」などと言われているが、これは言われたことを中長期的に完璧にこなせるようになってからの話だと思っている。

言われたことしかやらない＝悪いことではない。むしろこれは再現性高く、言われたことをクリアするための通過点だ。もっといえば、正確には言われたこと〝しか〟ではなく、言われたこと〝を〟やるである。

言われたことすらできないのに勝手に自己流感を出されても、上司からすれば、「まず、こちらが言ったことをきちんとやってください」となり、言われたことすらできないのであればそれこそ三流止まりに違いない。

期待以上の成果物で驚きと感激を与える

言われたことが毎回クリアできるようになって、はじめて次の段階へと進める。

何度もいうが、このステップアップはあくまでも、指針を完璧にこなせるようになってからである。これを踏まえ、次の段階というのは、上司が「これくらいの水準で出してくるだろうな」と予想している中、それ以上の出来でアウトプットを出すことにあたる。

再現性の高さをクリアできている状況でこれができるようになると、いよいよ相手から「お、やるね、いいじゃん」という反応がもらえる。もっというと、**人は想像の何倍もの成果物が返ってきたときに感心を通り越して、感激さえ覚える。**提出している側としても、ついつい心の中でガッツポーズが出る瞬間である。

この資料
いいね！
ありがとうございます
ヨシッ

上司の期待を超えるアウトプットを出し続けられると、タスクの幅はますます広がっていく。はじめはレベル1の仕事をお願いしていたけれど、レベル1の仕事はいつお願いしても期待以上の出来で返ってくるとなれば、次はレベル2、その次はレベル3といった具合で、任せられる仕事が増えていく。

反対に、上司の期待を下回る成果物を出してしまうと、永遠にレベル1で停滞してしまうことになる。上司としては、仕事をお願いしたいのに返ってくる成果物がいまいちであることを危惧して、思うように指示ができない。インターンとしても、難易度の高いタスクにチャレンジができないので成長が見込めず、結果、双方にとって不幸の構図が出来上がってしまう。

そのため、インターンは、上司の期待を超えるアウトプットを出し続けることが次のタスクにつながると信じて、淡々と打ち込むことが大切になってくる。

インターンとしてお給料をいただいている以上、お金のために働くという考えがあってもいいとは思う。しかし、その気持ちだけでは長きにわたって活躍することは不可能に近い。感情のウエイトに差はあれど、**少なからず、仕事の対価は次の仕事だという気概がないとやっていけない。**

それに、この気持ちがあったほうが目の前のタスクに熱中できる。「しょせんお金のためでしょ」と思っているうちは、いつまでたってもレベル1のままだ。

任されたタスクを最後まで全うする〝やりきり力〟を

フィードバックをいただいて改善、またフィードバックをいただいて改善ということを繰り返しているとしばしば、「うーん、何かイメージと違います。もうこっちで巻き取ります」と言われてしまうことがある。「あぁ、やってしまった」となる瞬間だ。

何をやってしまったのかというと、まず、この状況は上司のイメージしていたもの、あるいはそれ以上の成果物を出せなかったため、上司がタスクを引き取っているというシチュエーションにあたる。
上司としては、呆れている場合もあるし、「何でこんなこともできないの?」と疑問に思っている場合もある。いずれにせよ、このまま任せてもらちが明きそうにないので、自分でやったほうが早いと判断されたことになる。

正直、「私が巻き取ります。私が引き取ります。私がやるのでもういいです」の三拍子は何回聞いても堪えるものがある。しかし、そうなってしまった以上は仕方ないので、一度でもこのような経験をしたのであれば、その日を境に、何が何でも最後まで提出しきる姿勢を心掛けよう。**自分に振られたタスクがある以上、自分のテリトリーは自分で守るということだ。タスクを回収されるということは己のテリトリーへの侵入を容易に許しているし、それを簡単に容認することは自分のタスクに責任を持っていないことを意味する。**

何かと働き方に関してシビアに言われるようになったこのご時世でこんなことを言うのは気が引ける部分もあるが、ちょっと早くから勤務することや、定時を過ぎても延長して働くことも時には必要だと思っている。
ハードワークが人をつくるとまでは言わないものの、重要な会議の前に任されている仕事がある、必ず今日中にクライアントに送らなければならない仕事を振られているという状況で、終わりが見えていないにもかかわらず、「インターンだから帰ります」というのは甘いのではと思ってしまう。

仕事は自分の都合で回っているわけではないからこそ、大変だと思っても最後までやりきらなければいけない局面が存在する。いつもいい思いだけして成長・昇進するなんて無理に近い。多少の負荷を越えた先にいい景色が待っているのだ。

失敗から学んだこと

〝GOLD〟を正確に押さえる

提出したものの、何かが違う……となるときは大抵、目的／成果物イメージ／検討手順／納期の４つのうち、どれかがズレている。そうならないために、４つの確認事項の頭文字を取ってGOLDとして覚えておくことをおすすめしたい。

- Goal：目的
- Output：成果物イメージ
- Logic：検討手順
- Delivery：納期

これは社長の田中発案のフレームワークで、ことMAVISにおいては日常的に使われている。

インターンがタスクを振られるときは、長文にわたって具体的な説明があるときもあれば、急ぎの用で「これとこれ調べてパワポ1枚にまとめて！」「あと1時間しかないけどここの数値求められますか？」というようにバタバタと話が流れてくることもある。そのため、タスクの振られ方次第ではGOLDを逆質問するかたちで自分から確認しにいく必要が出てくる。

指針をいただいた段階で全てクリアになっていれば問題ないのだが、そうでない場合もあるということを念頭に置いておかないと、後々困ることになる。

そうでない場合であったとしても、**「上司が言っていなかったから考えていませんでした」といった他責思考ではダメで、確認しなかった自分が悪いと思ったほうがいい。**

ゆえに、タスクにあたる際に漏れなく確認事項を押さえるためにも〝GOLD〟として覚えておくと楽になる。再現性を高くとか、上司の期待以上に、というのはこれができていなければ確実に無理なことだし、効果が高いわりにすぐにでもできることなので、ぜひトライしてみてほしい。

なぜGOLDを意識する必要があるのかといえば、この4つのうちどれか1つでも欠けてしまえば、成果物が使えなくなる可能性があるからだ。

私自身、この4つのいずれかを確認しなかったことが原因で、提出したはいいものの、ほとんど使えませんという状況に陥った経験がある。1つでもキャッチし損ねると費やした時間が無駄になると思っていい。

納期に関しては、具体的な日付としていつまでに、とはっきり分かるのですり合わせる必要はないだろうが、ほかの3つは言われた内容に突っ込みをいれて自分が心底納得するまでやりとりをするべきだ。確認するアクションは取れていたとしても、腹落ちしない状態で進めてしまえば、結局確認していないのと一緒になってしまう。

全体像を理解しないと、その場しのぎのアウトプットになる

タスクは切り分けられて受け取ることになる。切り分けられてというのは、自分のタスクの上にはもっと大きな粒度の解決しなければならないタスクがあって、おのおのが担当するのはあくまでもそのパートの一部分にすぎないということだ。

つまり、目の前で作業をしている箇所は全体から見れば小さなくくりになる。与えられてい

るタスクを全うしようとすると、当該のタスクにだけ意識がいきがちだ。しかし、これではダメで、**自身のタスクに集中しつつも全体を俯瞰して見る必要がある。**いま自分がやっていることが全体で見たらどこの位置づけなのかを理解していないと、往々にして迷子になってしまう。

MAVISのコンサルタント業務のインターンを例に挙げてみる。インターンはプロジェクトチームにアサインし、プロジェクトマネージャーから下りてきたタスクを担当することになるのだが、その際にまず確認するべきはどのような提案がなされてプロジェクト化されたのかということだ。

クライアントに何かしらの悩みがあってプロジェクトチームが結成されたのは明白だが、その際にどういったやりとりがなされ、クライアントの各メンバーの温度感はどの程度なのかまでキャッチしておくといい。

タスクを振られた際にはどういった経緯のもとでどんな論点が生まれ、現在のタスクを行うに至ったのかを毎回確認する。

そうすると、都度単発で言われたことをやっているというよりも、プロジェクトの流れを意識しながら稼働できるようになる。

なぜ全体像を理解する必要があるのかといえば、木を見て森を見ずという状況では、付け焼き刃の成果物しか生まれないためだ。

切り分けられた部分にばかりとらわれすぎてしまうと、この単発のタスクならこれかな？というような見方ができてしまうが、実際はそうではない。

切り分けられたタスクがどうこう以前に、そもそも参加しているプロジェクトがどんなプロジェクトで、どのような変遷を遂げてきたのかという前提が存在する。

ピラミッド構想でいえば、全体像の理解は一番面積の広いベースの箇所だ。つまり、ここを押さえられていないとディテールのタスクがその上に積み上げられないのである。

業務時間と業務以外の時間は別物ではない

業務以外の時間で仕事をしなければならない決まりはない。これは正社員もインターンも同様だ。しかし、業務終了後や、休日を利用して仕事にかかわる情報収集をする人や、資格の習得に努める人がいるのもまた事実である。この事実を鑑みると、業務時間を仕事にあてるのは当たり前なのだが、**業務以外の時間を仕事とは全く関係のない時間とは思わないほうがいいだろう。**

業務以外の時間で、仕事のためにアクションを起こす人と何もしない人で差が出ることは言うまでもない。**仕事とは関係のない時間で何をするかによって、仕事のパフォーマンスが変わるといっていいだろう。**

業務中は雇用契約で、労働者として働く義務が生じている以上、内容はともあれ稼働して当然の状況にある。だからこそ、業務以外の時間で、拘束も何もない、指摘をされることもない環境で、「来週の会議で○○を示すために」、「今月は先月よりも高い評価を得るために」と未来の自分を助けるために何ができるかを考えることが重要だ。

評価に値するアウトプットを出すにはそれなりのインプットが不可欠だが、業務中はアウトプットを評価してもらう場であってインプットをメインにする場ではない。つまり、がっつりインプットをするとなれば、必然的に多少なりとも業務以外の時間を活用することになる。

参加しても参加しなくてもいい、やってもいいしやらなくてもいいというようなアクションの有無が自己に委ねられている状況で、どちらを選択するのかによってよくも悪くも人は変化する。

一時的には大変かもしれないが、この積み重ねは短期的な快を取って長期的な不快を取るのか、短期的な不快を取って長期的な快を取るのかを選択することになる。何も休まないほうがいいと言っているわけではないし、パフォームするために、適度な休息やリフレッシュの時間はあったほうがいいことは明らかである。それらを加味した上でも、自由な時間に〝仕事のために〟という発想を少しでも持つこと、業務時間とそれ以外の時間との線引きをしすぎないことを提案したい。

第3章

成功への道のり

インターンシップを起点にキャリア戦略を立てる

インターンシップが就職活動に与える影響

長期インターンを就職活動の軸に据え置く

第1章は学生がインターンに参加するまでの話、第2章はインターンとして活躍するための話であった。以降の第3章、第4章ではインターンで培ったスキルや経験を生かして就職活動を成功に導くためには何をするべきか?というテーマで話を進めていく。

インターンへ参加する＝就活がうまくいくというわけではないが、インターンに参加し活躍できたのなら、納得のいく就活は確実に手繰り寄せられている。**インターンに参加して一定の成果も上げられたのに、それらの経験が就職活動や以降の人生に生かされなければ宝の持ち腐れになってしまう。**

せっかく貴重な学生生活の時間をインターンに費やしたのなら、これを活用しない手はない。

インターン生活の途中、ないしは後半に待ち受けているのは、大学卒業後に正社員として勤めるために自身のファーストキャリアを見つける新卒の就職活動である。ここで、インターン経験という高級食材をどう調理して就活成功という最高級料理に仕上げるかがカギとなる。

就活はインターンを経験した人もそうでない人も一律で行うことになるが、**インターン経験者は就活開始前から大きなアドバンテージを獲得している**と自信を持って言える。

経験者と未経験者に差が出るのは当然のことで、社内での立ち回りや社会人とのやりとり、仕事への向き合い方など、どれをとってもポジティブに作用すると思っていい。

インターンで培ったスキルや経験を就職活動に生かすためには、最終的にインターンでの成果を企業にアピールしなければならない。しかしそれ以前に、押さえておくべきポイントがある。

ここからは、インターン経験者が就職活動においてどのような位置づけに値するのか、そもそもインターンの何が就職活動に役立つのか、近年の就活事情も含めて話を展開していく。

インターン経験者の就活事情を押さえることで、就活を勝ち抜くための道しるべを見つけられる。インターンをする傍ら、インターン経験を強固な地盤として、希望の企業へ入社するためのプランを立て、将来を思い描こう。

約3%の限られた層に属することを意味する

インターン経験者は就活市場でどのようなポジションにいるのか。

実際にインターンをしていると、自分の周りにいる学生は自分と似たようなジャンルの人で固められていくためだんだんと感覚が麻痺してくるが、全体で見るとインターン経験のある学生は想像以上に少ない。

毎年、就活の時期になるとサマーインターンやウインターインターンというかたちで就活生を対象とした短期インターンに参加することは学生の中で通説になっている。しかし、長期インターンに限定して見ると、その経験がある学生は一気に少なくなる。

就職白書2023年（2023/2/28発表）を見てみると、長期インターンの参加率は約3%にとどまっている。つまり、社内での成果の有無を横に置いておいても、この経験ができている時点で、限られた層に属することになる。

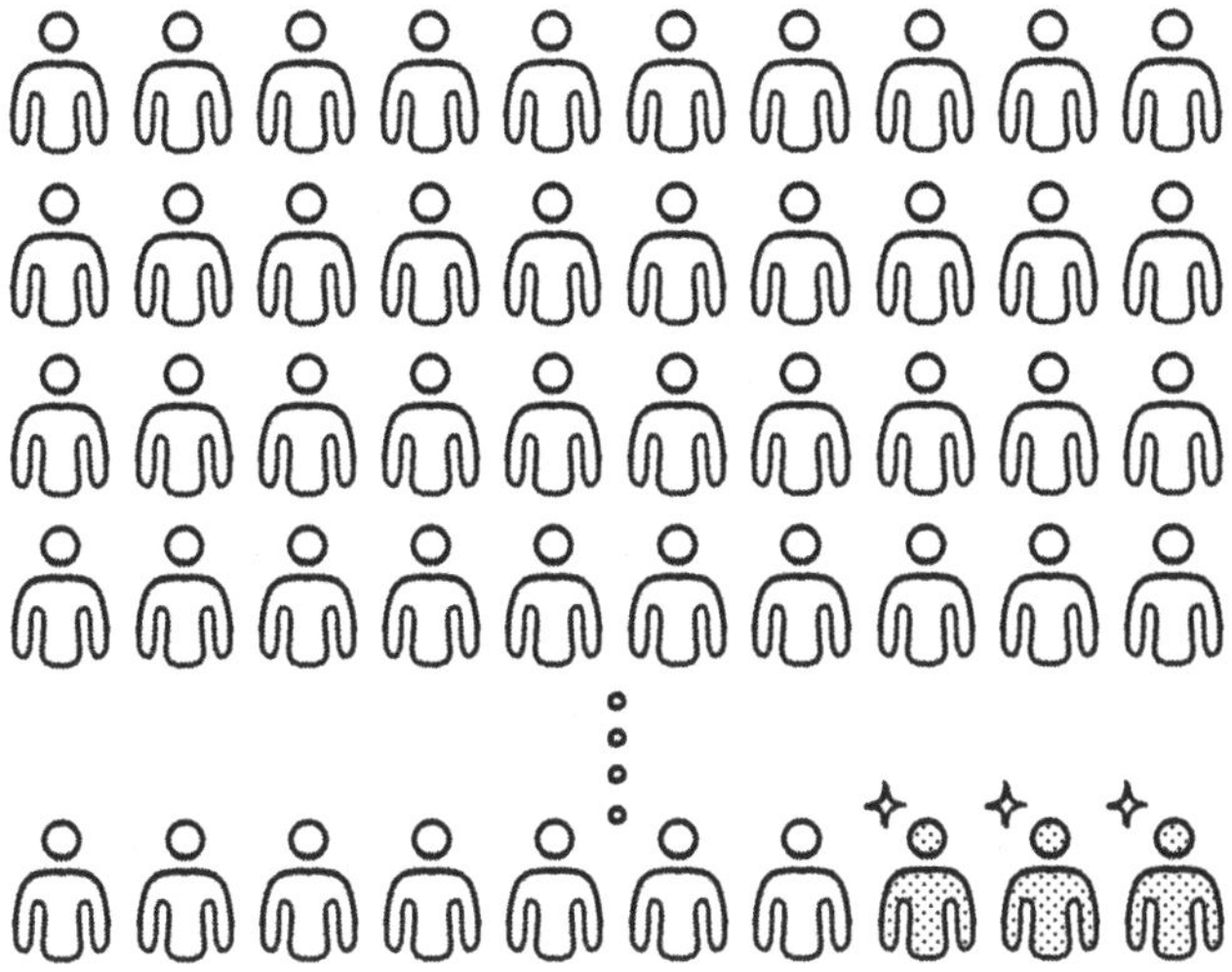

この3％の中で、「1年以上勤務していた」、「成果を上げられた」などと条件を加えたとしたら、さらに該当する層が狭まることは言うまでもない。

本書の冒頭でも触れたが、短期インターンと長期インターンには大きな差があり、総括して長期インターンのほうがハードルは高い。ときにインターンのために犠牲にするものもあるかもしれないが、だからこそ多くの学生が得られないような価値観やスキルを獲得し、就活においても希少な部類に食い込むことができる。

一方で、長期インターンに参加したい学生や長期インターンの認知率は年々上がってきているように思う。「インターン」＝「短期インターン」というような認識には変わりないが、

「長期インターン」という言葉を出しても、学生間の会話でも「長期インターンって何のこと？」となることはほとんどなく、「あ、長期インターンね」というような反応が返ってくる。

そんな話をしていると、口に出さないだけで多くの人が長期インターンに参加しているのだろうなと思うかもしれないが、実際行動に起こしている人はかなり限定されることが分かる。裏を返せば、みんながみんな同じような経験をしていたら、レア度が薄れてしまうので、少ないと感じるぐらいの参加率のほうがちょうどいいのかもしれない。

企業が長期インターン経験者を採用したい理由

企業は、長期インターン経験者の学生を未経験者の学生とは一線を画す存在として捉えている。何のインターンをしていたのか、インターン先でどのような成果を上げたのかといった経験に紐づく話を抜きにしても、「お、長期インターン経験者か。詳しく話を聞いてみたいな」というような見られ方をされるのだ。

人気企業であれば何百人、何千人と候補者がいる中で、採用担当者からこのように見てもらえるのは学生からすればありがたい話である。これは、学生の長期インターンの参加率が極端に少ないということが大きく作用しているといえるだろう。

企業は少しでも優秀な学生を採用したいと考えている。

多くの学生が学生時代に力を入れたこと（ガクチカ）や自己PRとして企業にアピールすることといえば、「サークル長を務め、サークルメンバーを率いていました」、「飲食店でアルバイトをし、お客さまを笑顔にするための接客力を身につけました」といったところだ。まれに「スポーツ推薦で大学に入学し、大学の全国大会で上位に入賞しました」といったパンチのあるエピソードを持ってくる学生もいるが、これは数としては少ない上に、誰にでもできることではないため割愛させていただく。

このようなエピソードと比較して、**インターンのエピソードが秀でる理由は、「インターンへの参加」＝「学生ながらもひとりの働き手として企業内部で実践的な仕事を任された」ことを示すものだからだ。**「優秀な学生」＝「インターン経験者」というわけではないが、**インターンとして実務に携わったことのある学生に期待を寄せる企業は多い。**

もちろん、新卒で入社すれば研修や課題などが用意されているだろうが、それらを開始する前から企業で働くことがどういうことなのかを理解している学生は、企業としてもありがたい存在なのだ。これに加えて、実務ではどのような業務を担当していたのか、そこではどのような成果を上げたのかなどの細かい内容をうまく伝えられれば、大抵の採用担当者は真剣ながらもどこか嬉しそうな表情で話に食いついてくる。この状況にもなれば、こちらとしては餌に食いついた魚を逃さぬよう丁寧に釣り上げるまでなので、舞台は整ったといっていい。

就職活動を通じて発揮されること

インターンの経験が就職活動を通じて発揮される理由としては、大きく分けて次の3つがある。

①業界を把握できているため、一から業界分析をする必要がない

就活がスタートすると、エントリーシートを書く前に改めて自己分析に努める時間を設けることになる。

自己分析は第1章で述べたやり方に派生するかたちでインターン生活の出来事、価値観を踏まえながらアップデートさせるイメージだ。ただ、インターン選考においてしっかりと自己分析ができていれば、就活の時期にはこの点に多くの時間を割く必要はない。

そして、自分の中で大方、志望する業界が決まったら、その業界は誰にどのような価値を提

供することで売上を上げているのか、業界の中の主要企業はどこか、今後脅威となるであろう社会情勢は何かなど、さまざまな観点から観察することになる。

通常は、『四季報』や有価証券報告書、統合報告書を見たり、業界対談などのインタビュー記事を読み込んだりすることで理解を深めていくのだが、ずっしりとしたインターン経験があればこのフローを一気に省略できる。

仮に、**インターン先と同じ業界の企業に就職したいと考えているのであれば、数年間のインターン生活で大半のことはインプットされているからだ。**

これは自ら情報を取りにいくといった強い意志がなくとも、**インターンとして汗をかいていれば勝手に情報が耳に入ってくるという言い方が正しい。**

インターン先では正社員、ほかのインターンを問わず、皆の共通言語として当該の企業や業界についてのやりとりが生まれるため、就活をするころには深く考えずとも業界のことを語れるようになる。

もっといえば、**通常の業界理解よりもさらに進んだ知見を得ることもできる。**

大抵の場合、学生が企業について調べる情報というのは企業が公に示す内容になる。それらは株主をはじめとしたほかの[※11]ステークホルダーも目にするため、書かれることは業績やビジネスモデルなど教科書的な内容に偏りがちだ。当然ながら、偽りを報じるわけにはいかないので、情報の正確性という面では信憑《ぴょう》性が高い。

一方で、生々しい情報やドロドロとした内部事情など、一般的に触れにくいとされている部分はほとんど書かれない。ゆえに、そういった情報を得られることを含め、本質的に業界を理解するにはインターンとして企業内部に潜入することが最も近道なのだ。

②対人スキルが染みついている

就活をしていると、はじめて会う人と話をする機会が多い。面接はもちろんのこと、ＯＢ・ＯＧ訪問や会社説明会、短期インターンを通して他大学の学生や企業の採用担当者、事業部の担当者などとひっきりなしにやりとりをすることになる。過渡期には、毎日初対面の人と会話をする状況もよくある。

ここに就活が長期戦であることを加味すると、人並み以上の行動量があれば、はじめは人見知りだったという人も就活を終えるころにはそれを払拭できるぐらいには人と話せるようになる。しかし、インターン経験者の場合は、就活がはじまった時点でこれらの懸念はゼロである。**インターン生活を通して、毎日のようにさまざまな立場の人と話す機会があるからだ。社内では、上司や同じチームの先輩、インターンの同期、社外に目を向ければクライアントや協業関係者などと日々当たり前に話をしている。**

これをなくしては仕事にならないというのもあるが、インターンをせずに学生生活を送っていれば、就活前にこのような毎日を送る状況にはまずならないはずだ。社会人とまともに話をしたことのない学生が、いきなり「面接官の前で自己PRをしてください」と言われる就活文化はなかなか酷なものがあるが、就活市場の風潮をすぐに変えることはできない。それに適応するべくして適応するには、対人スキル、ライトな言い方をすれば〝人慣れ〟をすることが大切である。

対人スキルというのは、グループディスカッションでうまくアイスブレイクを入れて話をする、面接で面接官をおだてるといった見掛け倒しのテクニックではない。

私は、対人スキルで求められることは、相手に意見を委ねずに自分の力で考えて対等にディスカッションをすることや、たとえ一時的に自分が悪役になることがあっても組織のために行動できること、全体を見て他者に助け舟を出せることなどだと考えている。

これらは、言われてみればできたほうがいいと思うことであろうが、実際に就活がはじまってから、自分のものにするには、なかなか時間がかかる。

インターンを通してあらゆる人とさまざまなシチュエーションで話をしてきたからこそ、すぐに発揮できる立ち回りがあるのだ。

③ロジカルさ、資料作成能力が鍛錬されている

論理的な思考方法やPowerPointでのスライドの見せ方は、インターンを通じて幾度となくフィードバックを受けるため造作もなくこなせるようになる。それらが遺憾なく発揮されるのがジョブ、短期インターン、ケース面接だ。

ジョブや短期インターンでは、お題が与えられ、最後に採用担当者や事業責任者に対しグループごとに考えを発表する場が設けられる。30分~1時間程度のグループディスカッションであれば、最後にまとめというかたちで、口頭で話し合いの過程や結論を説明するだけで済むが、数日間から数週間にわたり開催されるジョブ、短期インターンでは、それに加えて資料を提出することが求められる。

資料にフォーマットは用意されておらず、情報を引用する場合には出典を記載すること、与えられた問いへの答えを含めることなど最低限のルールだけが提示されることが多い。つまり、ほぼ自由に発表資料を作ってくださいといわれている状態だ。自由に作れといわれても、大学の講義しか受けてこなかった学生からすれば、ビジネスに適した資料を一から作ることは簡単ではない。

しかし、インターンの経験者からすれば経験が生きる格好の場面でもある。何百枚とPowerPointを作成し、1枚1枚クライアントに提出できるレベルになるまでダメ出しを受けた経験がここで生きてくる。

「これを伝えるにはこの型が使えそうだな」といった具合で、発信したい情報や示唆によって完成形をイメージすることができるため、資料作成で迷うことがなくなる。

ロジカルさの面でいえば、最も効果が発揮されるのはケース面接の局面だろう。すぐに返答ができない問いに仮説を立て、制限時間内に解決策を提示しなければならないケース面接は、ロジカルさが最も際立つ選考だ。**きちんと考えを整理し、道筋を立てて話を展開していく能力は、通常の面接やグループワークでも注視される。**

たとえ口頭でやりとりをするような場でなくとも、エントリーシートの問いに対し、主張と根拠が一体となった解答がなされているか、グループディスカッションで議事録を取る際には、さまざまな発言を聞きながら仕分けをして、構造化して記録できているかなど字面からもこの要素が見られている。

※11　**ステークホルダー**　企業の利害関係者。株主や従業員、取引先、競合企業、地域社会などありとあらゆる利害関係者が該当する

インターンシップと就職活動は両立できる

就職活動の変化と今後

例年、就活の時期になると、「そろそろ就活始めないとな」、「今期からは就活があるから忙しくなりそうだな」といったやりとりが学生の間で繰り広げられる。

就活を意識しはじめる時期は人によって大きく違う。行動の有無を除き、意識面だけでいえば入学当初からなんとなくイメージを持っている人もいれば、大学4年生になるまで上の空の人もいる。

肌感としては、就活解禁を目安に、年をまたぐ前後から本腰を入れる人が最も多い層のように思うが、はっきり言ってこれでは遅すぎる。そしてこうなってしまうのには、世間の認識と実際の就活に乖離《かいり》があることに原因がある。

世間一般では、大学3年生の3月1日に情報解禁、4年生の6月1日に選考開始というスケジュール感で就活を進めるのが妥当という風潮が浸透している。テレビのニュースでもこの時間軸で就活のニュースが放映されているぐらいなのだから、これが当たり前だと思ってしまうのは致し方ない。

だが、実際の就活は全くもって違うのだ。志望する業界にもよるが、現実にはこうだ。

まず、2年生の1~3月にかけて選抜コミュニティという外資系金融や外資系コンサルを志望する人が就活対策をするために集う組織の選考がはじまる。これが終わると、3年生の3~6、7月にかけてサマーインターンの選考が行われる。7~9月にサマーインターンが実施され、メガベンチャーや外資系コンサルでは早ければ8、9月ごろに内定が出はじめる。

まだ3年生の夏までの話しかしていないが、これだけを見ても**就活のスケジュールがどんどん前倒しになっている**ことが分かる。

特に、外資系企業は選考が早い。ただし、日系大手志望の人であっても、「4年生になってからはじめれば大丈夫」という考えは大間違いだ。直近では、就活の早期化の波は全ての業界・業種で表れている。

外資系の選考が特に早いことに変わりはないが、日系企業でもインターンを通じて優遇ルートにのせるなどし、早期から優秀な学生を獲得しようとする姿が見てとれる。そして、毎年少しずつではあるが、確実に就活スケジュールは繰り上げられている。

もしもあなたがまだ大学1、2年生なのであれば、ラッキーだと思っていますぐにでも就活を意識した行動をはじめるべきだ。

インターンシップの感覚が染みついているうちに就職活動をするべし

就活中は面接練習やエントリーシートの添削、会社説明会など、てんやわんやの日々を送ることになる。その際に、就活以前からはじめていた長期インターンはどうすればいいのか、という悩みに一度は直面する。

第1章に記した通り、長期インターンの出勤頻度や勤務時間はシフト制のため、自身の都合に合わせてコントロールが利く。そのため、**就活で忙しくなったとしても、シフトの量を減らせば変わらずにインターンを続けられる。**

MAVISでは途中で中抜けをして、数時間就活の選考に参加して再び稼働するといった光景もちらほら見かける。つまり、工夫をすればいかようにもなるという答えがふさわしい。

やり方次第でインターンと就活は両立が可能だから、欲をいえば、就活期間だからといって就活を理由にインターンを辞めるのではなく、インターンと就活を並行したほうがいい。

就活が過渡期に入ると、インターン生の中でもインターンを続けながら就活をする層と、インターンをぴたりと辞め就活をする層とで二極化が生じる。

後者を選択する学生は「就活で忙しくなるのでインターンを続けられません」といって辞めていくケースが多いが、シフトの調整も可能で、なおかつ朝早くから夜遅くまでデスクワークができる環境なのにもかかわらず、忙しいことを理由に辞めてしまうのはもったいない気がする。

それに、どんなに忙しくとも起きている時間の全てを就活に注いでいるわけではないので、稼働時間を減らす必要はあれども、辞める必要はない。

むしろ、辞める・辞めないを検討するまでもなく、就活期間中こそ、以前と変わらず適度にシフトを入れるべきだ。これは自分自身のためという理由も大きい。**インターンの感覚がある状態で就活をしたほうが、就活のパフォーマンスも上がるのだ。**

「就活だから働けません」となって、数カ月間であっても現場を離れる期間があると、働く感覚が鈍ってしまう。

これは私の経験だが、インターンを続けることで、就活でストレスを溜めずに済んだように思う。**自分が数年にもわたって働いてきた古巣があることが心の余裕を生み、就活を楽しみながら続けられることに作用するのだ。**

先輩方は猛者ばかり。インターンシップで得たつながりを利用する

実務面のほかにも、インターンが就活を後押しする場面は多く見られる。

代表的な例としては、インターンを通して得た人脈に助けられる局面だ。**インターン先で出会った同期やOB・OGは就活を進めていく上でいい相談相手や情報網になる。**

インターンに来ている学生は早くから企業で働いていることも相まって、一般的には働くことに対する視座が高く、就活も我先にとガツガツ進めていく人が多い傾向にある。

少々変わった性格の人もいるが、いい意味で学校内や世間で出回っている情報に左右されず、少しでも早くから就活に照準を合わせて行動している人が多数を占める。

学校では、よくいえば「就活強者」として、悪くいえば「意識高い系」として見られているのかもしれないが、**インターンとして勤務することで必然的にこういった〝桁外れ〟の人たち**

と関係性を築くことができる。

業務内だけでなく、業務外、特にここでは就活にフォーカスした際にも彼らは先陣を切って次から次へと内定を獲得していく。そういったインターン先の先輩方を見ていると、自分も刺激を受け、頑張らなきゃなという気持ちになる。

実際に、インターンの先輩が社内で活躍し、就活とインターンを両立させ、あざやかに一流企業へ内定していく姿を横目にしながら仕事をしていれば、自分もそうなりたいなと思うに違いない。

そして、彼らが示していったキャリアの[※12]マイルストーンにあやかるかたちで真似することから、就活をはじめる。

就活で華麗なる成功を収めた先輩から、時にアドバイスをもらい、時にたわいもない悩みの相談に乗ってもらうこともできる場がインターンには用意されている。だからこそ、自分と同じインターンをしていて、一流企業の内定を得ている人がいたら、同期・先輩を問わず、まず話を聞いてみるべきだ。

1つ学年が上の先輩であれば、自分が就活をはじめるころにはとっくに就活を終えているだろうが、この間まで就活をしていたこともあり、直近の就活事情を一番熟知している。

スキルや知識だけでなく、こういった横のつながりが得られることもインターンの真骨頂といえるだろう。

※12 **マイルストーン** 通過点、途中経過点

コンサルティング会社での インターン経験は業界外でも生きる

コンサルティング会社のインターンと他業界のインターンの違い

第1章の冒頭から何かと〝業界によって違う〟という表現を多用してきたが、さまざまな業界・業種のインターンがある中でも、私は**コンサルティング会社のコンサルタント業務のインターンをおすすめしたい。**

これは自身のキャリア戦略や中長期的にありたい姿との兼ね合いもあるため、一概に当てはまることではないのは承知の上だ。

もう少しライトな言い方をすると、自己分析などを通じて自身と向き合う時間を設けたものの、どのインターンにするかを決めかねている人、もしくは汎用性の高いスキルを習得したいと考えている人に対しては、コンサルティング業界のインターンを強くおすすめする。

さらに付け加えるなら、**コンサルティング業界を志望する人もそうでない人も、一度コンサルのインターンを検討してみることを視野に入れてほしい。**

インターンの代表格といえば、自社製品を扱う企業での営業業務だ。人気どころでいえば、広告系の企業やベンチャー企業での企画やマーケティング業務になるだろう。

実際に求人を見てみても、コンサルのインターンは数が少ないことが分かる。一応、コンサルティング業務と書いてはいるものの、実態としては自社製品の顧客対応をコンサルと称しているケースもあるため、コンサルティング会社でのコンサルタント業務の縛りでインターンを探していくと、対象企業はさらに絞られる。

コンサルティング会社のインターンとほかのインターンとの最大の違いは、営業や企画、マーケティングなどのインターンは一連の業務の流れに従い、それを日々ブラッシュアップさせていくかたちで成果を上げていくのに対し、**コンサルのインターンはルーティン業務がほとんどない**ことにある。

例えば、営業であればお客さまは違えど商品を売りたいという目的は同じだろうし、マーケティングであればユーザーの遷移を示す管理画面を見ながら数値指標と格闘することになるだろう。

一方で、コンサルの場合は数カ月単位でプロジェクトが変わるため、そのたびにクライアント、チームメンバー、解決しなければならない課題が変化する。そのため、**泥臭さはあっても、一日一日のタスクを見た際に、形式的な作業になることはまずない**のである。

どこの企業でも課題解決力は必須

コンサルティング業界を志望していなくても、コンサルティング会社でのインターンを勧めるのにはわけがある。

コンサルタントの仕事は、経営上の課題を明確にし、独自の調査や分析を用いながら課題を解決するための戦略を練り、クライアントにアドバイスをすることだ。

そしてこの課題解決力というのはコンサルタントの力量が問われる面でありながら、ほかの業界・業種でも欠かすことのできないスキルといえる。

つまり、コンサルタントが専門領域としている業務内容は、どこでどのような働きをするのかに関係なく、ほとんどの仕事にリンクする部分であり、守備範囲が広いのだ。

ほかの業界であれば、金融やIT、建築や食品というように特定の領域でどんな業務にあたるのかを考えることになるが、コンサルは課題解決そのものを看板にしているのである。

このような観点から一歩下がった視点で見てみると、少し異色な存在にも見えてくる。課題解決はそもそも何に困っているのか、悩んでいるのかを把握することから始まる。それができたら、原因を特定し、課題に対して適切な解決策を示すために調査や分析を進めていく。ここで、第2章で述べたようなリサーチ手法や「Why so? So what?」の考え方が使われる。調査や分析をしている間には、定例会というかたちで毎週にわたりクライアントとディスカッションをするなどして、軌道修正を加えていく。そして、最終的な答えを出すというのが一連の流れだ。

実際に、「やりたいことがまだ見つかっていないので、とりあえずコンサルティング会社に就職します」という学生も多い。〝とりあえず〟という表現はよくないのかもしれないが、これを正しく解釈すると次のようになる。

「やりたいことがないのだから、転職を前提に20代のうちはどの業界に転職をしても代替えが利く課題解決力に磨きをかけて、おいおい専門領域を定めていこう」といった具合であろう。

そのため、**コンサルのインターンは、コンサルティング業界を志望する学生は当然のこと、**

ほかの業界を志望する学生や志望業界を決めかねている学生にとっても、仕事の根幹を身につけられるという理由からイチオシできる。

知識や経験がほかの業界・業種にも使えるため汎用性が高い

特定領域に特化して業務をすることがないというコンサルの特徴は、別の視点での利点もある。数カ月単位でプロジェクトが変わることは、そのたびにクライアントが変わることを意味する。

私の場合、MAVISに入社したはじめの3カ月間は国内有数の家具メーカーがクライアントで、親会社と子会社の価値最大化を目指すプロジェクトに入った。そして次のクライアントは売上規模数兆円の大手消費財メーカーで、企業広告の効果測定化を目指すプロジェクトであった。このプロジェクトは長期にわたり続いたが、その間にも短期で別のプロジェクトに入ったりコンサルでいうPD[※13]＝Project Developmentや営業活動の一端を担当したりするなど、さまざまな案件に携わる機会があった。

プロジェクトによってクライアントが変わるということが、タスクに飽きない面白さと、さ

ルーティン業務がほとんどない
課題解決力が身につく
さまざまな業界が見える

まざまな業界を見ることができるという意味で、大きなメリットになる。

早期からインターンをはじめて途中で別のインターンに切り替える、いわばインターン転職のようなかたちを取るか、並行して複数社のインターンをしない限り、大学在籍中に行くことのできるインターンの数には限界がある。

インターン転職を何度もすれば、1社あたりで勤務できる期間が短くなる。複数社のインターンを並行して行えば、体力、気力、集中力において1社1社に費やせるリソースが少なくなる。

どちらにせよ、二股をかけている状態なのでおすすめはできない。そんなことをしなくとも、コンサルのインターンをすれば、1社にいながら複数社で働いている状態に近い経験ができる。

また、**業界大手や日本を代表する企業がクライアントとなり、その役員や部長が会議に参加することもザラにある。**

案件にアサインするということは、学生が彼らに提案やディスカッションをする機会が次から次へとふってくる状況になる。大企業で役員や部長にのし上がるには、並大抵の技量では務まらないことは容易に想像ができる。そのような方々と伴走して仕事ができることは、「自分は学生時代から、大企業の幹部にプレゼンをしていました」と言える自信につながるし、新卒で入社する会社でも大きなアドバンテージになるはずだ。

※13　Project Development　案件受注のための提案活動

インターンシップ経験者は卒業後にどんな進路へ進んでいる？

コンサルティング業界、金融業界が多数派を占める

インターンをしている学生は、日々将来について「ああでもない、こうでもない」と考えることが多い。これは、学校で座学だけをしている学生に比べ、実際に正社員として働いている社会人の姿を目の当たりにし、自分のありたい姿をイメージしやすいからだと思う。

インターン経験者の卒業後の進路は人によってさまざまだ。とはいえ、営業のインターンをしていた学生なら営業職に、企画のインターンをしていた学生なら企画職を志望する人が多い。インターンの期間を正社員として働く前段階のステップアップとして捉えることができるため、この風潮は当然といえば当然だ。

また、職種だけでなく、業界に目を向けてみても同様のことがいえる。

MAVISのインターンは、業界・業種の区分としてはコンサルティング業界でのコンサルタント職に振り分けられる。そして、**MAVISインターンの卒業後の進路もまた、例に漏れずコンサルティング業界へ集中する傾向にある。**

一方で、コンサルティング業界と同じくらい選択する人が多いのが金融業界だ。特に外資系金融を志望する人がコンサルティング業界を志望する人といい勝負ぐらいの比率になる。

実際のところ、志望する業界と内定をもらう業界、就職先に選ぶ業界が全てイコールになるのは一部だが、志望する業界のくくりだけで見てみれば、コンサルティング業界と金融業界が半々ぐらいの割合である。

そこで、コンサルタントのインターンを経験していながら、なぜ金融業界を志望するのか考えてみたところ、２点理由が思いついた。

１つ目は、金融、特に外資系金融の業界では長期でインターンを募集していることがほとんどないことだ。

部門によるだろうが、新卒の採用人数を数名にとどめている場合も多く、新卒で数百人を受け入れる日系のメガバンクとは状況が全くもって違うといえる。

2つ目は、外資系金融というキラキラした華やかな世界に漠然とした憧れを持っていることが多いからだ。

これは一種のステータスを得たいという欲求からくるものといえよう。長時間労働や厳しい指導が待ち受けているかもしれないと頭では分かっていても、学生にはそれ以上に魅力的に映る業界なのである。

先輩・同期・後輩から受ける刺激

過去のインターンの先輩は、自分の知らぬ間にサクサクと内定を獲得して、大学4年生になる前、3年生の年末前後には就活を終えているケースが大半であった。4年生になるころには就活を終え、授業もほとんどないため、引き続きインターンを続けたり、少しマイナーな国に留学をしてみたり、しょっちゅう旅行をしたりと、学生生活最後の1年を思い思いに謳歌していた。

インターン以外のコミュニティで出会う学生が大学3年生の3月から4年生の前期にかけて就活に追われている姿を見ると、同じ学生でも行動の仕方次第でここまで違ってくるものなのかと後輩ながらに考えさせられたことがある。

A社の二次面接
どうだった？
結構お堅い
印象だったよ

かたやインターンの同期に目を向けてみると、そのような先輩を間近で見てきたこともあり、襟を正す思いで計画的に就活を進めていた印象がある。

先輩と同期の違いは、自分と同じ時期に就活をしているかどうかということにある。

「A社の2次面接ってどんな感じだった？」と聞けば、「私も受けたけど結構お堅い印象だったかな。エッジの効いた質問はなかったから特別な対策はいらないと思う」と返ってくるし、「B社のインターンとC社のグループディスカッションの日程が被ったんだけど、どっちを優先させるべきだと思う？」と相談すれば、「B社は採用人数も多いし、年明けぐらいまで選考をしているから、いま慌てて受けなくても大丈夫！」と返ってくる。

このように、**各自で着々と就活を進めているだけあって、現在進行形の情報を交換できるのは大変ありがたい。**

では、インターンの後輩はどうだろう。後輩ができるということは、自身の社歴もそれなりに長くなり、仕事も板についてきたはずだ。

先輩らしく立ち振る舞おうと張り切りすぎる必要はないが、自分が先輩にしてもらったことや先輩の偉大さを感じた体験は、後輩にも同様に味わってもらいたいと思うようになる。

また、「え、本当に年下の大学生？」と思うような仕事ぶりや価値観を持つ後輩とやりとりをした際には、自分が先輩であることを忘れて、就活やキャリアについて語り合うこともある。**後輩との交流は、尊敬の念を抱くことや、感化されることに年齢は関係ないのだと思わされる格好の場面になる。**

インターンシップは就活塾よりも就活塾

世の中には「就活塾」なるものが存在する。有料、無料とそれぞれあるが、大きく分けると有料のアドバイス型、有料の伴走型、無料の支援型とあると解釈している。

仮に入塾を検討するのであれば、無料の支援型→有料の伴走型→有料のアドバイス型の順で考えるべきだと思う。特に有料のアドバイス型は、エントリーシートの添削や面接の際に気をつけるポイントなどをテキストでやりとりするだけといった場合もあり、「この内容で学生から金銭をとるのか」と思わされる内容のものもあるので注意が必要だ。

有料の伴走型は志望企業で働く社員や過去の内定者から選考情報を共有してもらえることや、各企業に特化した対策が行われるケースもあるが、**有料という点では慎重になってしかるべきだと思っている。**

いいサービスを受けるためには、学生だろうと対価を払うのが当たり前という考えはよく理解できる。

一方で、**無料でも十分に同じような価値を提供してもらえる場は存在するため、有料は最終**

手段として検討することをおすすめする。

無料の支援型として代表的なのは、さきほど少しふれた選抜コミュニティであろう。この存在を知っている学生からは〝選コミュ〟と称されるサービスで、言葉の通り、ケース面接やグループディスカッションなどの選抜をクリアしなければ入ることはできない。

選コミュの入塾人数はどれも少なく、一流企業に入社したい学生ばかりが志願することから選考難易度は高い。一度、「就活　選抜コミュニティ」と検索をかけてみてほしい。無料でここまでやってくれるのかと思うほど徹底した就活対策が見込める。

「就活は情報戦のため、1人では無理」という話をちらほら聞くことからも、就活は個人戦のようで団体戦のような側面があることは想像がつく。

実際に、就活塾に入れば各々にメンターがつくことになり、同じ就活塾の仲間と情報共有や意見交換をする機会もある。しかし、ここまでで説明してきた通り、数年間同じ場所でインターンをしていれば、就活塾についてさほど頭を悩ませる必要はない。先輩、同期、後輩とのつながりや正社員の方からのサポートそのものが就活塾のサービスに匹敵するようになるためである。

外資系企業の一風変わった新卒選考

外資系企業を志望する学生と採用担当者の特色

MAVISでインターンを経験した人の就職先は、コンサルティング業界や金融業界、業界を問わないところでいえば外資系企業が多いことが分かった。

加えて、外資系企業の選考がとにかく早い時期からはじまることは有名なことと思われる。多くの外資系企業は日系企業の選考が開始される数カ月も前から選考をはじめており、優秀な学生が日系大手へ流れてしまうよりも前に彼らを獲得しようとしている。

学生側も外資系企業を志望する層はこの流れを理解している。だからこそ、早い人では2年生の後期から就活対策をはじめ、3年生では選考直結型のサマーインターン、ウインターインターンに力を注ぐ。

日系大手を第一志望としている場合でも、早期から対策をはじめ、外資系企業の内定を獲得する学生もいる。これは第一志望の日系に落ちたときのため、といった保守的な理由ではない。外資系企業の内定を獲得し、箔《はく》が付いている状態で第一志望を受けることができるためだ。箔が付くということは、外資系企業は相対的に見て就職難易度が高い企業が多いともいえる。

実際に、日系大手の中にはエントリーシートの段階で「下記の企業の中で内定を得ている企業はありますか？」と問い、すでに選考が終了している企業を並べるケースがある。そして、それらの企業には外資系企業がびっしりと列挙されている。

企業としては、すでにこの企業の内定をもらっている学生なら優秀に違いないから、うちの会社もほしいなという見方をしているのだろう。

彼らのような外資系企業の内定を獲得した人は、就活市場ではいわゆる上澄み層に値する。結局のところ、外資系企業を志望していようが、日系企業を志望していようが、外資系企業のほうが先に選考がはじまるため、上澄み層は一気にここになだれ込むということだ。

つまり、**就活をスタートする時期が自分の志望先に左右されることはない。**

漠然とでも一流と呼ばれる企業に入社したいと考えているのであれば、1日でも早く動き出すことが不可欠である。1日、1週間、1カ月と就活を先延ばしにするほど内定から遠ざかると思えば、尻を叩く人なんかいなくとも意識が変わるはずだ。

ジョブやグループディスカッションはまさに業務の延長

外資系企業の選考では、「ジョブ」と呼ばれる選考フローがあることが多い。ジョブはグループディスカッションの上位互換である。学生が主体となった短期インターンという言い方が最もイメージがしやすい。

細かい選考内容や選考順序は企業によって異なるものの、

① エントリーシート
② テスト
③ グループディスカッション、面接
④ ジョブ
⑤ 面接
⑥ 内定

というような流れが一般的である。

3日間〜1週間程度にわたり、グループワークというかたちでボリュームのある課題にタフに向き合う。その様子を採用担当者が横で見ながら学生の評価をしていく。そして最終的にジョブで成果を上げた学生がその後の選考に呼ばれ、複数回の面接を経て内定を獲得する。

ジョブやグループディスカッションのお題は企業側で事前に用意される。

「××駅構内にあるコーヒーショップの売上を3年間で1・5倍にするにはどうしたらよいか」といった課題解決型のテーマや、「なぜ時計は丸いのか」といった抽象型のテーマまでお題のジャンルは幅広い。

金融系であれば財務的な観点から、IT系であれば技術的な観点から出題されることもある。しかし、お題が何であれ、検討の進め方はあまり変わらない。お題の背景にある前提を確認、曖昧な点の定義づけ→現状の把握→原因の分析・特定→解決策の検討→解決策の絞り込みに加えて、随所で調査が挟まってくるというのが一連の流れになる。

そしてこの進め方は、インターンで毎日のようにやってきたことに通じている。

前提の確認や定義づけは、タスク内容を問わず意識する必要があるため感覚が染みついているだろうし、現状の把握や原因の特定の段階では、仮説思考が生きてくる。

真摯《しんし》にインターンをしてきたという前提がある上での話だが、インターンのタスクを通して指摘された点を想起させることが、ジョブやグループディスカッションで高い評価をもらうことにつながる。

強いて新たな対策をするとすれば、それた話を指摘し軌道修正することや、全員が会話に参加しているかなど、グループワークならではの振る舞いであろう。**進め方や考え方はインターンのタスクに取り組んでいるつもりで行えば、それなりにうまくいくのである。**

長期インターンシップや起業経験者との戦い

インターンを軸にキャリア戦略を立てていく上では、少なからず自分と同じ層の学生がいることも忘れてはならない。大学1年生のころからインターンを続け、早期から就活をはじめたという希少層に属すことができたとしても、**自分と同様に、あるいはそれ以上にキャリアと真摯に向き合っている学生もいる**ということだ。

3年生になってすぐに外資系企業の選考を受けはじめれば、そういった層の学生ばかりを目にすることになる。中には、「本当に学生ですか？」と突っ込みたくなるぐらい華々しい経歴を持つ人もいる。選考を通じて優秀な学生を見つけるたびに、「自分なんかで大丈夫かな？」

と心配になってしまうぐらいだ。しかし、内定を獲得するためには彼ら以上に秀でるほかない。

インターン経験者や起業経験者の学生は、面接のエピソードひとつを取っても、思わず「強いなあ」と言ってしまうほどインパクトのある話を用意してくる。

サマーインターンの選考を受けている際の集団面接で、質問後の第一声から「NPO法人の代表を務め、渡米し、留学中には現地の学生と共同で会社を経営していました」と隣の学生が話をし始めた際は苦笑いを隠し切れなかったことをよく覚えている。

私はこの学生の次に質問を振られたのだが、完全に動揺してしまい、ペースが乱れた。結果は言うまでもなく、不採用である。「他者に左

右され自分の言動が変わってしまった。一体全体、私は何をしているのだろう」と惨めに思った。

このような状況を防ぐためには、外資系企業をはじめとした早期選考には、優秀な層の学生がこぞって参加するということを頭に入れておくことだ。自分の経験に自信を持って、彼らの言動に惑わされないことが重要であろう。

いつ自分に話が振られてもおかしくない状況のため、音声をオフにすることはできないが、自分に関係のない話は右から左に流すぐらいにとどめておく。いちいち周りに振り回されていたらきりがないということを事前に念じ、「何を聞いても、何を言われても悠然と構えるんだ」というマイルールを作れば、状況は改善されるはずだ。

第4章

インターンシップの成果をアピールする

インターンシップ選考を思い出す

企業の選考はインターンシップを通じて経験済み

インターンを基軸にキャリアの構想を練ることができたら、次はそれを着実に成し遂げていくまでだ。就職活動では業界・業種を定めながら中小企業から大企業までいくつもの企業選考を受けることになる。

仮に第１志望が業界最大手の企業だとしても、選考の練習や押さえの企業という意味で業界の２番手、３番手、あるいは歴史は浅いものの近年業績を伸ばしている新鋭の中小企業などにもエントリーすることになるため、数十社の選考を経験することになる。

大学生であれば、アルバイトの採用面接を受けたことがある、あるいは履歴書を書くような

選考経験がある人はザラにいるだろう。しかし、自己分析をした上で、中長期的に歩みたい道を考え、選考対策をし、企業の選考を突破したという経験がある人は決して多くない。

ここで、インターンとして働くためにやったことを思い出してみてほしい。第1章で取り扱った部分である。モラルやマナーから、選考に望む前のマインドセット、書類選考や面接のTipsなど意識するべき点がいくつかあったはずだ。

人によっては複数社インターン選考を受けていることもあるため、このくらいならもうお手の物だということもあるだろう。**少なくともインターンができているということは、複数社のインターン選考を経験し、１社以上で合格を得ていることになるため、対策から選考までの成功体験を味わっていることになる。**

「就職活動とは何ですか？」と聞かれたら、「××の仕事に就くために内定をもらうこと」「安定した収入を得るために大企業に勤めようとすること」など解答はさまざまあるだろうが、結局は「**第一志望からの採用通知書を得るために選考を勝ち抜くこと**」に行きつく。

自己分析や業界分析、面接練習など、就活対策で費やした時間が大事なことは重々承知だが、最終的には選考を突破できるかできないかが最重要なため、無駄な努力は極力避けたいところである。

新卒採用の選考の前にインターン選考の経験を通して就職活動の基礎が押さえられていることを理解し、不足部分を補うかたちで対策をするのがいいだろう。

インターンシップ選考と就職活動は似ている点が多い

インターンの選考は、書類選考や面接によって行われることが多かった。書類選考ではエントリーシート（ES）という形式で学生時代に力を入れたこと（ガクチカ）や自己PR、志望動機を聞かれるのが通説であった。この流れは就職活動でも変わらず、ガクチカや自己PRは選考開始から終了まで、ESや面接で最も聞かれる頻度が多く、深掘りされるところだ。

就職活動ではこれらに加えて、「就職活動の軸は何ですか」「他社の選考状況はどのような感じですか」「入社後にしてみたいことは何ですか」など、インターン選考ではあまり問われない質問が付け足されていく。

面接での気をつけるべきポイントは、インターン選考と同様である。

取り繕いは最小限に抑え、少し誇張したぐらいの反応でラリーを意識しながら会話をすること、面接官が話をしているときや逆質問では相手に気持ちよく話してもらうことに集中するなど、**気にすべきポイントはインターン選考のときと何ら変わらない。**

インターン先と同じ業界の企業を受ける際には、なおさらインターン選考のときと似たような傾向を感じる。特に志望動機や将来像といった解答は、インターン選考で話した内容を少しブラッシュアップするぐらいで十分に事足りることもあるぐらいだ。

変わる部分でいえば、選考フローが長くなること、インターンの経験を武器として話のネタに使えることだ。

海外大の学生を対象にした短期決戦型のキャリアフォーラムなどを除き、日本の就職活動はとにかく長い。回数や順番は企業によって異なるものの、説明会、ＥＳ、テスト、グループディスカッション、ジョブ、面接などが入れ代わり立ち代わり組み込まれることになる。

学生側からすると負担でしかないが、ネガティブなことばかりがあるわけではない。就職活動をするころには、インターンで培った経験をガクチカや自己ＰＲ、面接で話す素材として使えるようになる。**就職活動では、インターン選考と就職活動で似通る点を認識しつつも、インターン選考のときよりもさらにグレードアップした自分を見せることが目標になるだろう。**

インターンシップ選考のフィードバックをもらってみる

インターン選考の経験を就職活動に生かすためには、選考の振り返りが欠かせない。日々新しい企業の選考を受けるたび、通過、落選の結果に応じて何が評価されたのか、何が足りなかったのかを考えることはもちろんだが、インターン選考を振り返ることもまた効果的である。

長期間インターンをしている企業であれば、正社員との信頼関係もある程度出来上がっているはずだ。そこで、**インターン選考を担当してもらった面接官に、「面接でどのようなことを思ったか」を尋ねてみることをおすすめしたい。**

面接官1人の裁量で合否が判断されているわけではないかもしれないが、**選考時の自分を最も間近に見た人として、忖度《そんたく》なしに率直な意見をもらうことができる。**

MAVISでは、面接を担当した人の意見とほかの選考フローを担当した人の意見、社長の意見などが相まって、総合的に採用、不採用が決定する。これを加味すると、面接官だけではなく、**自身に評価をくれた人それぞれに選考を受けていたときの印象を聞いてみてもよいかもしれない。**

「第一印象は微妙だったけど、難しい質問も自分なりに考えて返事をしていて、話していくうちにだんだんと一緒に働きたいと思うようになった」と返ってきたら、ファーストコンタクトをよくするにはどうしたらよいかを考えるべきで、「経歴は良かったけど、ありきたりなことばかり話していてもう少し個性がほしかった」と言われれば、エピソードトークを練り直す必要がある。

就職活動中は、インターンに応募したとき以上に複数の企業の選考を並行して行うことになる。選考対策をする傍ら、ほかの企業の面接を受けなければいけないなど、やるべきことには歯止めがない。

メインシーズンが近づくほどに選考の振り返りに割ける時間も限られてくるため、就職活動が佳境に入るよりも前にフィードバックを受け取るのがベストだ。

しかし、**就職活動前や就職活動を始めたてのころは、選考の経験値が少ないため振り返りに必要な材料が不足している。そこで、インターン選考を思い出す工程を取り入れるのだ。**

選考時に関わった人から直接フィードバックをもらえれば、自分の癖や弱点を発見することが可能だ。就職活動の前半戦でそれらを補完できれば、必然的に就活力は増していく。

組織内での立ち回りを正確に伝える

インターンシップの参加から現在までを見える化する

　インターン参加前は、過去の経験や自身の人生史におけるターニングポイント、それらを経験したときの心情を思い起こすことで興味・関心の対象を明確にし、インターンを通じてやりたいこと、なりたい自分をクリアにしていく自己分析を行った。

　就職活動でもこれらをもとにアピールポイントやエピソードストーリーを書いていくことには変わりないのだが、インターン応募時と全てが同じという状況にはならない。というよりも、**手間暇かけてインターンをしたにもかかわらず、インターン応募時と就活開始時の状態がイコールになってしまっては、貴重なナレッジ[※14]を持て余しすぎである。**

　仲のいい友人と久しぶりに再会した際に、「いまだから言える○○」というテーマで話をしたことはあるだろうか。当時は思っていなかったが、いま回想してみるとこんなことが言えるな、あのときは言えなかったけど、実はイライラしていたなど、時間を経たいまだからこそ感じられることを楽しむやりとりである。

インターン経験をこれに乗じて考えてみる。インターンに参加する前の自分、参加をして感じたこと、得たことを時系列的に並べてみる。全て過去のことではあるが、リアルタイムで体験していたときとは別の感情が出てくることや、「応募時は営業職をやりたいと思っていたけど、営業のインターンを経験したことで、売り込む喜びより、お客さまと対等な立場でともに課題解決をするほうが向いているのではと感じた」など変化したこともあるはずだ。

インターン選考と就職活動で似ている点、異なる点を把握するのと同様に、自身についてもインターンをする前の自分といまの自分で変わった点、変わらなかった点を理解する。

その際に、当時の自分にアドバイスできるとしたらなんと声をかけるか、これまでの経験を踏まえていまインターンをするとしたらどこの企業で働きたいかといったことも考えておくと、面接時の少し変わった質問にも対応が利く。

書類選考とは違い、面接ではテンポのいい返しが求められるが、それらは場数と準備にかかっている。**インターン参加から現在までの出来事や心情を、縦にも横にも広げて熟慮すること**

が大切だ。

社会人であっても他業界であれば業務の想像はつきにくい

いまから話す現象は、インターン先の業界と就職活動で受けている業界が同じであれば発生する可能性は低い。しかし、他業界を受ける場合や、面接官が事業担当者ではなく人事の採用担当者であった場合には、慎重になるべき点である。

転職することが当たり前の時代になったいま、一生のうちにさまざまな会社を行き来するケースは少なくない。業界をまたいで転職をするケースもザラにある。一方で、40数年の労働人生の中で見聞きできる業界の数には限りがある。

つまり、**どんなに物知りな人であっても、全ての業界の実務を完璧に説明できる人はいないということだ。**さまざまな業界を相手にするコンサルタントでさえ、プロジェクトスタート時には業界本を読み漁るのだから、これ自体には何の変哲もない。

その上、面接官にはどんな人物が登場してくるのか分からない。その道数十年のエキスパートかもしれないし、他業界から転職したての社員の可能性もある。

いずれにしても、インターン経験を語る上で、相手が自身のインターン先の業界をよく理解している保証はどこにもない。面接本番に自己紹介をすることで、そこではじめて自分のプロフィールを把握してもらえるのだ。要するに、「インターンではこんな苦労があって、それを克服するためにこんな努力をして、見事成果を上げられました！」と言っても、そもそもどんな業界なのか、実務内容が何なのかを知らないと話が見えてこないのである。

インターン先では当たり前に使っていた言葉が、ほかの業界では別の呼び方をされているなんてこともあるだろう。

これではどんなにいい話を準備してきても、「そうなんですね」で終わってしまう。

特に[※15]toB の企業で働いていた場合には、[※16]toC に比べ消費者視点が抜け落ちがちだ。消費者視点での働きは、誰にでも分かりやすく言語変換する力が実務でも問われるが、toB の場合は知っていて当然の中でやりとりをするため、傍から見れば会話が宙を舞っている。

インターン経験を説明する際には、相手は自分のことを全く知らない前提で、用語や伝え方を工夫し、理解されていないという事態が起こらぬよう細心の注意を払おう。

面接官に働いている姿をイメージさせる

就職活動で面接官が見ているのは何だろうか。

インターンや新卒の選考ではポテンシャルを見る傾向にあるが、**新卒採用はインターン採用と比較すればポテンシャル採用の度合いは弱まる。**インターン時は、「学生時代に頑張ったことはこれから作ります！」ぐらいのスタンスでも熱量を前に出し、きれいにビジョンを語れればぎりぎり通過できていたものも、新卒時には自分なりの武器をアピールできなければ採用はしてもらえない。

インターンに応募したときはスキルや知識をつける前の段階のため素手で勝負をしていたが、新卒の選考ではインターンで得た武器を使って獲物を狩らなければならない。

ゆえに、面接官が見ている部分も変わってくる。新卒で入社をすれば平均的に週5日、8時間以上は勤務することになるため、やる気をアピールするというのはあまり得策ではない。

これは応募する人が限られるシフト制のインターン制度だからこそ通用する言葉であって、就職活動で連呼しても面接官にはあまり響かないだろう。

むしろ、「頑張るのは当たり前なので、ほかに何かないんですか?」と思われかねない。何でもかんでも「できます!」「やります!」と言えればいいわけではないのだ。アピールすべきことを間違えたら、自分の足を引っ張る原因になる可能性があることは留意しておきたい。

となると、何を伝えればいいのか。

ずばり、「この人がうちで働くとしたら、こんな風に働いて活躍してくれそうだな」と面接官に想像させることができれば勝負あったといっていい。

企業内部の人は、今後の会社の方針やいま波にのっている部署、社内カルチャーを体現しながら働いている。そんな面接官に「○○さんなら企画部門の××さんのもとについて働いたらうまくいきそうだな」「本人は営業部志望だけど、ここまで数字に強いならアクチュアリー[※17]のほうが向いてそうだな」など具体的に働いている姿をイメージしてもらうことがポイントである。

コンサルのインターン経験であっても、選考を受けている企業が金融業界なのであれば、自身のエピソードは「この話を御社の実務に置き換えるとこのように言えます」とイメージを促すためのトスを上げるのがいいだろう。

※14　**ナレッジ**　有益な知識や経験
※15　**toB**　法人と法人で取引が行われるビジネス。BtoB（Business to Business）の略称
※16　**toC**　法人と一般消費者で取引が行われるビジネス。BtoC（Business to Consumer）の略称
※17　**アクチュアリー**　保険や年金などの領域で統計やデータを用い、数理業務を行う専門職

実績は誰にでも伝わるように分かりやすく示す

プロジェクトの内容を端的に伝えるのは難しい

MAVISでインターンをしていた話を就活で使うとなると、プロジェクトの内容を伝える必要が出てくる。当然、クライアント名は伏せて話をすることになるが、「あなたはどのような立ち回りで具体的に何をしていたのですか？」と問われ、**実務の説明をしようとなれば、先立ってプロジェクトの内容を説明せざるを得ない状況になる。**

これはコンサルワークに限った話ではない。業界によって総称は違えども、少し長めのビジネススキームは存在する。これが、あくまでコンサルでいえばプロジェクトというくくりに該当するだけで、**日々のタスクよりは粗い粒度で、抽象度の高い企図を手短に伝える必要があることに変わりはない。**

これらの説明がなされてはじめて、「私の業務内容としては……」と実務のエピソードを続けられるのだ。感覚としては、インターン業務に取り掛かる際にどういった意図で何のために使われるタスクなのか、依頼された前提や背景を確認する工程と似ている。

しかしながら、数カ月〜数年にわたり行ってきた活動を数文で伝えるのは極めて困難である。一方的に話し続けるわけにはいかない、にもかかわらず、しっかりとインターン経験を伝えるためには話の尺が必要という釣り合いのとれない状況になる。

このモヤっと感は、**1回のラリーで全てを話そうとせず、「おそらくここが理解しにくい箇所だろうな、この部分はさらに突っ込んで聞いてくるだろうな」との見立てを持ち、相手からの質問を待つことで解消される。**

情報量や話す文量は同じでも、1つの質問で長々と話すのと、3回に分けて質問、解答を交互に繰り返しながら伝えるのでは、聞き手の負荷や相手からの映り方がまるで違う。

これには、はじめから全部伝えるのは無理だという割り切りが必要になってくる。以降に質問が飛んでくる前提で、質問のための伏線を張る。そのために、大まかに概要を説明する。

プロジェクトの内容は端折っていい箇所ではないが、後で詳しい追求が待っていると予期し

ていれば、序盤から長い尺を取る必要はない。

コンサルであれば、プロジェクト期間、クライアントの業界、解決すべきテーマぐらいを言えれば十分なはずだ。

働いている現場を見ないと分からないこともある

同じ教室で勉強をしていたら、「あの先生って絶対出席番号順で当ててくるよね」と、同じ部活に入っていたら、「今日、○○くんいつも通りの動きができていないけど、何かあったのかな」というように、その場に居合わせた人にしか分からないことはたくさんある。

人づてに聞いた話やどこかに掲載されているような表向きの情報ではなく、同じ時間を共にした人でしか分かり合えない内容だ。そして、就活もまたこれと似たような現象が起こる。

インターンで評価をしてくれた上司や共に働いていた同僚は、日頃の働きぶりをすぐそばで見ている。いい評価であれ、悪い評価であれ、自分から多くを語らずとも暗黙の了解のもとで理解し合えている側面がある。

一方、就活の場では、全ての人が初対面である。どんなに策を練って伝えても、聞き手は限られた情報の中でイメージを膨らませるのが限界で、状況をありありと感じとることは難しい。**直接見てきた人には分かってもらえていたからといって、就活で出会う人たちも同じように自分を理解してくれるわけではないのだ。**

「こんなに説明しているのになんで理解してもらえないのだろう」ではなく、「インターンとしての働きぶりを見たわけではないのだから、それもそのはず。仕方のないことか」と**私情をはさまない淡泊な所存も必要である。**

とはいえ、「全て伝わりませんでした。でもこれは説明のしようがないので、自分の責任ではないです」となってしまっては、理想とはあべこべの状況になってしまう。**「それはそれ」と思える気持ちを持つことと、そうならないために準備をすることが共存する心持ちがベストである。**

想定されるシチュエーションでの準備としては、伝える内容自体は変えずに、志望する業界・業種によって情報量に差をつくるやり方が考えられる。

どういうことかというと、戦略系コンサルティング会社でインターンをし、就活で受けている企業もまた戦略系コンサルティング会社なのであれば、プロジェクト内容の節々まで伝える。

監査法人やシンクタンクならば少し簡略的に、toC がメインのメーカーであれば概略だけを、という具合で、**企業ジャンルに応じて情報の粒度感に幅を持たせておくといい。**

具体的かつ定量的な表現を

誰にとっても変わらない伝え方として最も効果的なのは、数を用いた表現だ。

「IT系のインターンで事業担当者として一から新しい事業を開始し、売上を上げました」といっても、これがどのくらいすごいことなのかは受け手によって異なる。

1円でも売上が出ていれば嘘をついていることにはならない一方で、驚きには欠ける。反対に100万円の売上が上がっていたのなら、「学生のわりになかなかやるじゃないか」と思われるかもしれない。

また、期間に関しても同様である。**どれくらいの期間でどれくらいのインパクトをもたらしたのか、数値や数量に着目すると話の解像度が一気に上がる。**

さらに、これは売上に限った話ではない。toC 向けの集客を担当していたのなら、何カ月でユーザー数をどれくらい増やせたのか、業務の効率化ができたのなら、何時間の稼働でどんな

10万円だった
売上を3カ月で
100万円にしました!
IT系の
インターンで
売上を上げました!

価値を出したのか、**定量的に表現できるものは全て数に置き換える。**

加えて、施策の前後で比較をするのも効果的だ。売上を例にとると、90万円だった売上を6カ月間で100万円にした施策と、10万円だった売上を3カ月間で100万円にした施策では、その度合いは全く違う。

ここでは、最終的な売上が100万円というのは変わらないことがミソだ。後者の場合、素晴らしい成果を残しているのに、伝え方を間違えて月間売上100万円を達成したということしか伝えられなければ、損をすることになる。

定性的に表現をする際には、定量的に伝えるとき以上に具体性を意識する必要がある。定量的なほうが、分かりやすい、イメージしやすい、刺さりやすいことは百も承知だが、数値で表しようのない事象も存在する。

MAVISのインターン経験を就活のエピソードトークとして使った際には、コンサルタント業務での評価や実績をどう数値に置き換えるか、かなり頭を悩ませた。リサーチや分析、ディスカッションやプレゼンは社内で評価を得られても、外部の人に数を用いて説明するのが困難だった。

そうなると、どのような課題があり、それを解決するために自分がしたこと、その結果何がどう変わったのかリアリティを持たせて伝えるほかない。

定性的な文章であれば、より一層修飾語を乱用しつつ、抽象的な言い回しを避けるべきだ。

就活を勝ち抜くためのマインドセット

自分の機嫌をうまくとり、精神状態を安定させる

就活中は何かと病みやすい。新しい人と出会う回数が多く、選考では常に緊張にさらされ、就活対策にも熱を入れていれば、ストレスに悩む理由としては十分である。

その上、やるべきことは就活だけではない。年次を重ねるごとに授業数の減少はあるだろうが、新たにゼミや卒論が加わり、学業をおろそかにできない毎日は変わらず続いていく。

これらの日常に就活イベントが上乗せされるため、何をどうしても日々の活動量は2倍、3倍に膨れ上がる。これまではなんとも思わなかった活動が、就活がはじまることで岩のように重くのしかかるのだ。そうなると、授業の合間に選考を受けることや、深夜にエントリーシート（ES）を書く状況が多発する。

精神的な負荷が大きい中でスケジュールに追われる毎日を過ごしていると、心に余裕がなくなる。当たり前だが、心の余裕をなくしてプラスに働くことはひとつもない。

ブルーな気持ちのまま選考を受けても、本来のパフォーマンスは発揮できず、学業においてもいまひとつ集中することができず、人間関係ではささいなことにイライラしてしまう。

就活中であっても就活前と同等の精神状態を維持するには、昔からの趣味に打ち込む、家族・友人との交流を楽しむ、新たな娯楽を見つけるなど幸福の軸を複数持つことにより、メンタル面のリスクヘッジをすることが重要である。

リソースの割き方や入魂レベルが就活150%、学業50%、趣味50%、家族・友人50%、サークル50%では、幸せのリスクヘッジはできていない。幸福軸のどれかに依存するのではなく、就活70%、学業70%、趣味70%、家族・友人70%、サークル70%といった具合で、全ての軸で赤点にはならないものの満点以上ではない程度の感覚を持つイメージだ。

就活が上々ならば満足感に浸り、サークルのイベントがあれば仲間と存分に楽しむ。**ひとつの軸に執着する必要がなくなることで、何かがうまくいかずに気が滅入ることがあっても、「ほかに幸せなことあるしな！」といい意味で楽観的な感情が芽生えてくる。**

就活は長期戦だ。スタートダッシュに全力を使い果たしすぐにエンストするよりも、長きにわたって健全な精神状態を保つことのほうがはるかに大切だ。

1社だけにこだわりすぎない

選考連絡は、内定の文字を見るまでに何度も届くことになる。複数社受けているため、複数回連絡が来るという話ではない。エントリシート（ES）の通過連絡、テストの通過連絡、グループディスカッションの通過連絡、面接の通過連絡と、選考フローごとに一報が来る。すなわち、内定を得たということは、ひとつの企業からの連絡を待っていた時間が何度もあったということだ。実際には1社しか受けないという状況にはならないため、連絡回数はおおよそ、「企業数×各企業の選考フロー数」となり、下手をすれば数百の連絡を見ることになる。

選考結果のお知らせは何度もらっても慣れるものではない。携帯に通知が来るたびにドキドキし、着信に出たり、メールを開いたりするだけで心臓がキュッと縮こまるような感覚になる。そのたびに気持ちが右往左往し、心がかき乱される。

選考結果が良かった、悪かったという問題ではなく、この通知をコンスタントに何度も受け続けること自体がハードなのだ。志望度の高い企業から落とされた日には、ため息が止まらず、何をする気にもならない。しかし、これが影響して本来できることもできなくなってしまえば元も子もない。心情の起伏を軽減させる免疫のようなものをつけることで、就活に適応しようと試みることは可能である。

何件もの通知が来ることは負荷であると同時に、通知数が多くなるほどにひとつの通知にしがみつく比重は小さくなる。片手で数える程度の企業数しか受けていなければ、1社落ちるだけで大ダメージだが、十数社〜数十社の企業を受けているのであれば、1社落ちてもまた次があると切り替えやすい。多くの選考連絡を受けるということは、結果のいい悪いにかかわらず、それだけの企業選考をこなしていること、その分多くのチャンスがあることを意味する。

就活が終わる最後の最後まで、慣れないことには変わりない。けれども、いまも昔も苦手なことに変わりはないが、大嫌いだった食べ物が少し食べられるようになるくらいには耐性がつく。

不採用＝社会から求められていないということではない

「慎重に検討した結果、残念ながら、採用を見送らせていただくことになりました」の一文が真っ先に飛び込んでくるお祈りメール。就活をはじめる前は先輩が「祈られた」と口にする姿を目にし、何のことやらと素知らぬ顔をしていたが、いざ自分が祈られるようになると、その威力を痛いほどに感じることになる。

実際に、1日に3件のお祈りメールを受けたときにはかなりズシリと響くものがあった。選考内容により合否が決められると頭では理解していても、「とにかく自分には運がないな」「悪いことは続くというが、それは本当だったのだ」とつぶやきながら、やり場のない悶々とした気持ちをなんとか鎮めようとしていた。

あまりにもお祈りメールが続くと、自分は社会から必要とされていない人間なのではないかという思考に陥ってしまうこともある。

社会に貢献するために働きたい。それを実現するために自分の強みやビジョンを語り、企業から太鼓判を押されようと試行錯誤を繰り返す。それなのに、「ダメでした」という連絡が続けば、自分の生き方や人生を否定されているように感じる人もいるだろう。

時間をかけて打ち込んできたことや、本気で挑戦したこと、成果を上げたことなど人に誇れるようなカードを召喚した上でノーと言われてしまえば、「いままでやってきたことは一体全体何だったのだろう」という気持ちになる。

しかし、**お祈りメールが原因で自身を否定し、追い込んでしまうのは間違いだ。**

企業の数は途方もないほどある。人手不足が叫ばれている業界も多い。働き方や業務内容、業界内での順位など絞り込みをかければ該当する企業数は確かに減少するが、それでもなおエントリー可能な企業は有り余るほどにある。

それに、自分と全く同じ人間はいないように、自分と完璧にマッチする企業は存在しないと思っている。**就活は、働きに求める軸や自身の価値観に近い企業を探す旅であって、パズルのようにぴったりとはまる企業を見つける宝探しをするわけではない。**だからこそ、お祈りメールが来ても、「たまたまこの企業に自分は合わなかっただけ」という程度に受け取り、スルーしていいのだ。

第5章

就活を成功させたインターン経験者へのインタビュー

インターン生OB・OG①

プロフィール

- 外資系金融企業勤務　S・Hさん
- 在籍していた学校：早稲田大学大学院　基幹理工学研究科　機械科学・航空宇宙専攻
- MAVISでインターンを開始した時期：2021年5月、修士1年生のころ
- 現在の勤務先：外資系金融企業　IBD部門

インターン開始前

――MAVISでインターンをはじめるまでは、どのような学生生活を送っていましたか？

大学院では機械科学・航空宇宙を専攻し、流体力学について学んでいました。物質の状態変化を用いてエネルギーを生み出す研究を学部自体から続けていました。研究が忙しかったので、学業以外の活動はあまりできていませんでしたね。

MAVISに入社したときにはすでに就活をはじめていたので、入社前から就活対策には着手していた記憶です。これから就活が忙しくなるのに、新しくインターンをはじめて大丈夫かな

という気持ちは若干ありました。

――そもそも長期インターンの存在を知ったのはいつでしたか？

長期インターンがどんなものなのか自体は、友達がやっていたこともあり、大学2年生ぐらいから認知はしていました。ですが、そこからずっと興味を持ち続けていたわけではなく、進路を検討しはじめたときにインターンに行ってみようかなと思うようになりました。

一方で、長期インターンを就活のためだけにはじめるのは嫌でした。それに自分としては、大学院で学びたい気持ちも強かったので、大学院にいくのなら進学後にもう一度検討すればいいかと思いました。

結局、学部時代は最終的に就活すらしなかったです。周りの学部生が就活をしている横で、どこの大学院に進もうかなと考えていましたね。

――となると、行動の原動力となるようなインターン参加のきっかけは何だったのですか？　また、MAVIS は何社目のインターンでしたか？

MAVIS は長期インターン2社目でした。

1社目のインターンをはじめるまではオリエンタルランドでディズニーのキャストとしてア

ルバイトをしていました。キャスト時代はキャストとしての楽しさがあったのですが、コロナが流行したタイミングで、これは自分を見つめ直すいい機会だと思い、今後やるべきこと、やりたいことを改めて考えるようになりました。

そこで、このままふわふわした夢の世界にずっといていいのだろうか、と思い、もっとビジネスの厳しい世界を見てみたいと思うようになりました。

1社目のインターンは、新規事業立案を専門とするコンサルティング会社でした。

2社目としてMAVISを選択した理由は、元々M&Aに関心があったことが大きいです。新規事業立案は右脳ゲームのような側面が強かったこともあり、もっとロジカルさが求められ、かつM&A業務に携われる企業はないかとインターンを探していたところ、MAVISを見つけました。

意思決定や提案の訴求をエモーショナルなやり方で行うのではなく、徹底的に考え抜く現場を見てみたいという気持ちが強かったです。

――M&Aには何がきっかけで興味を持ったのですか?

最初に興味を持ったのは〝ハゲタカ〟というドラマの影響です。私が小学生ぐらいのころに大森南朋さん主演で放送がされたのですが、そのときは会社って人だと感じました。

Ｍ＆Ａに着目していえば、たくさんの人によって構成される組織同士で売り買いが発生し、会社の運命を決めていくなんてとんでもないことのように思えました。真面目な人たちが死に物狂いで考え、感情的になる姿を見て、Ｍ＆Ａはビジネスの究極体なのかもしれないと思いましたね。

いろいろなことを背負っている人たちがさまざまなステークホルダーのことを思いながら意思決定をしていくのです。そこに独りよがりの考えは存在しません。私もＭ＆Ａの意思決定に携わりながら、彼らを支えることができたら、これほどまでに高貴なことはないなと思ったのが興味を持ったきっかけでした。

――MAVISのインターン選考で印象に残っている出来事はありますか？

２つあります。１つは課題選考でバツをくらい、提出した資料が差し戻されたことです。１回目に提出をした際に、人によってはこれは不合格だなと思うような返信を受けたのですが、「やり直すので見てください。お願いします」といってもう1回提出させてもらいました。

フィードバックでは、私の中でも腑に落ちていなかった箇所を指摘されました。満足のいくものを出し切って不合格だったのなら仕方ないと思っていましたが、バツをもらったままの状態で終わらせるのは嫌でした。学生のときに自分が作った資料に対してコメントをいただける機会はそうそうないので、新鮮でありがたかったです。

それに、フィードバックの内容だけを見れば、サイレントされてもおかしくない状況でした。にもかかわらず、細かいところまでコメントがされていて、人のことをしっかりと見てくださる会社だと思いました。

2つ目は、面接で私を理解しようと努めていることがダイレクトに伝わったことです。面接では3名の方とそれぞれ1対1で話をしたのですが、最後の面接官が社長の田中さんでした。その際に、正直に「Sさんってこういう人だよね」と言われ、直球で嘘偽りのない方だと思いました。冷静に分析をされているからこそ、図星といえるようなことを次々に言い当てられた記憶です。観察眼の鋭さに驚きましたね。

インターン期間中

――MAVISに入社する前と後でギャップはありましたか?

これも2つあります。1つ目は、社内の人がストレートすぎるフィードバックをくれることです。回りくどい言い方や理不尽な内容がなかったので、どこをどう改善したらいいのか理解がしやすかったです。

入社して数日したときに「すごくコミュニケーションコストがかかる」と言われたのですが、成人を超える年齢になり、このようにズバズバと指摘を受ける機会はなかったので、本当にありがたいなと思いました。この指摘を受けてから、話をする際の意識が変わったのも事実です。

1社目の会社では、何をしても褒められる状況で、アットホームというよりは、ぬるま湯に浸かっていました。その分、前職とのギャップを感じながら、MAVISに入社してすぐに新しい洗礼を受けたような気になりました。

2つ目は、社員の方々と関係性を築く機会が設けられていたことです。インターン生をコマのように扱う会社もある一方で、MAVISではインターン生に対してもこまめに振り返りの時間が与えられていました。学生を使い捨てのように扱うのではなく、成長の手助けをしてくれる場所のように映りました。

インターンはずるずるとやってしまえば何の力にもならないまま終わってしまうと思います。そうなると、いざ就活でインターンのことを話そうと思っても、何も残っていないという状況になってしまいます。

けれど、振り返りの時間があったおかげで、MAVISでは何も残らないインターン生活にはならないと確信できました。月に1回の飲み会もいい思い出になっています。業務のときよりも距離感が近く、ラフに話ができることで以降の勤務でも社員との会話がしやすくなりました。

――インターン期間中で印象に残っている出来事はありますか？

スライドを書いていた際に、絵コンテを作成しチェックを受けたことがあり、1枚を完成させるまでに何度も修正をして、再提出を繰り返しました。最終的に社長の田中さんから「この構成いいじゃん」と言われたときの達成感はひとしおでした。

あり得ないぐらい時間をかけ、いかに自分が無能かを突き刺された記憶でもあります。だからこそ、OKが出たときには、こういうことの積み重ねが成長につながるのだろうなと心底思いました。

――インターンと就活の両立はどのようにしていましたか？

MAVISでインターンをはじめた直後と就活で忙しい時期はドンピシャに重なりました。研究が大変だったこともあり、終始ばたばたしていましたね。

私の優先順位的には1番に研究がきて、その次にインターンと就活でした。インターンは自分が入れたシフトの時間で勤務をし、就活の準備は夜中にしていました。

インターンはシフトの自由度が高かったので、最初に研究の時間を確保して、そのほかの時間をインターンにあてていました。

――就活のスケジュール感はどのような感じでしたか？

学部４年の３月に選抜コミュニティがあることを知り、受験をしました。その後は就活対策と選考を並行させ、６月にStrategy＆という戦略コンサルティング会社から内定をもらいました。早い時期にひとつ内定が出たことで気持ち的に楽にはなりましたが、やはりＭ＆Ａがやりたいという思いが強く、金融系の企業を見はじめました。

サマーインターンは謎の自信があったこともあり、エントリーした企業自体は少なかったです。Strategy＆の内定が出たあとは４社しか受けませんでした。サマーインターンが終わり、９月に同じく戦略コンサルティング会社のボストンコンサルティンググループ（ＢＣＧ）から内定をもらいました。ここでコンサル就活を終了し、目線を金融だけに切り替えました。

金融は全てジョブから直結の選考でした。ＪＰモルガンと現在勤める外資系金融企業は９月にジョブに参加し、10月の終わりにＪＰモルガンの内定が出ました。そこからはゴールドマンサックス（ＧＳ）と現在勤める企業の選考だけでした。

最終的に就活を終えたのは修士１年の１月だったので、トータルの就活期間としては、11カ月弱ぐらいになりますね。

——現在勤める会社への入社を決意した決め手は何でしたか？

すごく難しい質問ですが、シンプルにこの会社が好きだったからです。企業が自分にしてくる対応というのは、自分がその会社に入社をした際に誰かにする対応になります。

就活を終え、各社が自分にどのような対応で向き合ってくれたのかをいま一度思い返し検討したところ、いまの会社が一番人道的な対応でした。この会社に入社したとしたら自分がしてもらったような対応をほかの人にもしたいなと率直に思ったことが、最も大きな理由です。

インターン終了後

——インターン生活を通して得たことは何ですか？

得たことは3つあります。

1つ目は自分の無能さを知れたことです。

日々の業務を通じ、「私ってこんなに何もできないんだ」ということを、正直なフィードバックから得られたことが何よりも尊かったです。

２つ目は何を言われてもへこたれず向き合い続けることです。

あまりささいなことを気にしても仕方がないですし、負けないぞと強い気持ちを持つことが大事だと学びました。

３つ目はコミュニケーションの大切さです。

ざっくりすぎる表現にはなりますが、日頃の業務連絡や飲み会の場で、その場に合ったコミュニケーションの取り方をすることや、一度取ったコミュニケーションを次のコミュニケーションにつなげる力を身につけることができました。

社員の方を見ていて、業務のときと飲み会のときとでその人自身のスタイルは変わらないのに、出てくる言葉は違うなと思いました。厳しいフィードバックがあっても、その裏に愛を感じる瞬間があるんですよね。

だからこそ、言葉を真摯に受け止められ、変な気持ちにはならなかったのだろうと思います。

――インターン経験の中で就活に役に立ったことはありますか？

就活で役立ったことは、インターン生活で得た３つと同じようなことです。

1つ目に関していえば、自分の無能さを知れたことで、就活でも素直で正直な振る舞いができました。これまでに数々の就活生を見てきましたが、就活を続けていると天狗になってしまう人も多いです。

けれども、俯瞰して見てみると、そういった人は社員から見た際に活躍するような人材には見えないはずです。いつだって指摘されれば素直に受け止める必要があります。過信せずに謙虚さを持ち続けることは、社会人になる上で最重要といえるかもしれません。

インターンを通じ、この重要さを理解できたことで、就活でもその姿勢を見せられていたように思います。

2つ目のへこたれず立ち向かうことに関しては、圧迫面接で心ない言葉を言われた際に役に立ちました。くよくよせずにアピールをし続けることや、めげない精神を持つことは面接の場でも生きました。

3つ目のコミュニケーションについては、まさに就活の醍醐味ともいえるポイントです。ジョブや面接でのちょっとしたやりとりで合否が決まってしまう中、適切な場での適切なコミュニケーションがどういうことなのか理解することはかなり大切だと思います。

時には、人によって雰囲気を変えることだってあります。

自分のことを話したそうな人に見えたら、こちらから話を振りたくさん話してもらうように促せば、「この子話しやすい！　うちの会社になじみそう！」と思ってもらえます。

地頭の良さを重視しているように見えたら、いかにロジカルに話せるかがカギになります。

相手が求めているものを瞬時に察知しアウトプットするコミュニケーション力は、インターンをしていたからこそできたと思います。

――現在はどんな職務に当たっていますか？

新卒で外資系金融企業に入社し、現在はInvestment Banking Division（ＩＢＤ）、投資銀行部門のＭ＆Ａアドバイザリーグループで働いています。

投資銀行部門の中でもＩＰＯ[※18]のお手伝いや資金調達などを担当するグループです。私はその中でもＭ＆Ａだけを担う少し特殊な部隊に在籍しています。Ｍ＆Ａの案件獲得後の執行部分に携わる業務です。

案件を取ってくる役割ではなく、Ｍ＆Ａが実施されると決まった状態で案件をクロージングさせるまでお客さまの支援を行うのがメインの業務になっています。

営業はほかの担当者がいるのですが、その他は全て在籍するグループが受け持っているので

〝M&Aそのものの業務！〟という表現が正しいかもしれません。

――長期インターンを検討する学生に伝えたいことはありますか？

とりあえずやってみることと、そこにしっかりと理由を見いだすことの両方があるとベストです。

長期インターンは以前よりも気軽な気持ちではじめられるようになってきたと思います。けれども、インターンを通して何かを得るぞ、何かを持ち帰ってやるぞという心意気やインターンをすることで自身がどうなっていきたいのかビジョンがない状況ではじめても、時間がもったいないだけです。

社会の歯車がどのように回っているのか、社員の方々は何を見据えて仕事をしているのか、さまざまなことに考えを巡らせながら、インターンに向き合ってほしいなと思います。

長期インターンさえやっていれば就活で無双できるというのは嘘です。何も考えずに働いていた人と、芯を見て働いていた人とでは言葉や経験の重み、話せる内容が違います。

とりあえずやってみることの意義を捉えつつ、長期インターンを通してどのように自分の価値を上げていくのかを働きながら考え続けられれば、就活でも無類のパフォーマンスが発揮できるはずです。

※18　ＩＰＯ　新規で上場する株式。企業の株を一般の投資家も購入できるよう、新たに株式市場に公開すること

インターン生OB・OG②

プロフィール

- 外資系戦略コンサルティング企業勤務　S・Tさん
- 在籍していた学校：大阪大学　外国語学部　イタリア語専攻
- MAVISでインターンを開始した時期：2020年10月、学部4年生のころ
- 現在の勤務先：外資系戦略コンサルティング企業

インターン開始前

――MAVISでインターンをはじめるまでは、どのような学生生活を送っていましたか？

大学ではイタリア語を専攻していたので、イタリア作家の文芸を研究していました。ピランデルロという劇作家の文芸作品をイタリア語の原書と格闘しながら分析していました。

大学内で授業をサポートするTA（Teaching Assistant）という制度があったので、そこでリーダーシップとロジカルシンキングの授業のお手伝いもしていましたね。

時系列的に大学生活を振り返ると、大学1年生のときはサークル三昧の日々でした。軽音サークル2つ、バレーボールサークル2つ、テニスサークル2つに加えて、夏まつり実行委員会という学祭の運営係にも所属していました。

大学2年生くらいのころから、インターンを皮切りに課外活動にも積極的に取り組むようになりました。3年生からはもっぱら就活一辺倒で、4年生でMAVIS生活を送るといった感じです。

課外活動ではテレビ局の報道のアルバイトに熱中していました。そのほかに前外務大臣の林芳正さんのもとで秘書インターンをしてみたり、大阪池田市で地方創成のプロジェクトに携わったりと、いろいろな活動に参加してきました。こう見てみると、昔からアクティブなほうだったのかもしれません。

――そもそも長期インターンの存在を知ったのはいつでしたか？

長期インターン自体に関心を持ったのは大学2年生の秋ごろです。長期インターンが何なのかは就活を通して知りました。履歴書に書けるような立派な経歴がほしいなと思い、真剣に参加を考えはじめました。

もう少しさかのぼった話をすると、もともと東大に行きたかったという思いが強く残った学生生活を送っていました。大学受験からこの気持ちをずっと抱えていたので、就活は頑張ろうと決めていました。

就活でどう勝つのかを考えた際に、やはり経歴がいるのではないかとの結論に達しました。就活サイトのコラム記事を読みつつ、いまあるスペックからどのようにして履歴書の中身を水増しするのかを熟考したところ、長期インターンに行き着きました。

――どのようなインターン変遷を歩んできましたか？ また、MAVISは何社目のインターンでしたか？

MAVISは4社目のインターン先でした。

1社目は外資就活を運営しているハウテレビジョンで、選抜コミュニティの運営をしていました。働いていた当初は業務内だけで運営サイドからコミュニティに携わるかたちでしたが、最終的には私も選抜コミュニティに入ることになり、サービスを提供する側から享受する側に変わってしまったため、自然とフェードアウトしてしまいました。2年生の冬ごろに入社をしたのですが、理由が理由だったこともあり、在籍期間としては2カ月程度でした。

2社目は大学3年生の秋ごろから半年間、ワンキャリアで働いていました。当時はコロナ前ということもあり、オンラインで就活をすることが主流ではありませんでした。そのため、自分の所属や立場を生かし、合同説明会やセミナーをはじめとした就活イベントに京大や阪大の学生を呼び込む集客のポジションを担いました。

３社目は神戸アソシエという個人のコンサルティング企業でした。もともとボストンコンサルティンググループ（ＢＣＧ）にいた方が独立され、戦略やリサーチを受け持つファームを立ち上げたのがこの会社の起源です。大学４年生の春すぎから働きはじめ、そこから1年程度在籍していました。

私とこの企業の接点は選抜コミュニティがきっかけになります。企業の代表が社会人メンターとしてコンサルティング業界のイロハを教えてくださった時期がありました。少し時間があいて、就活が終わった報告を代表にした際に、ぜひ働いてみないかと声をかけていただき、入社を決意したという流れです。実務としてはリサーチ業務が中心で、都度依頼されたお題をひたすら調べて解決していました。

――さまざまなインターンを経験してきた中で、４社目のインターン先としてMAVISを選んだ理由は何でしたか？

ずばり、M&Aに特化したコンサルティングファームだったからです。もともとマッキンゼーに憧れがあったため、そこに勤めていたことがある田中さんの存在も大きかったかもしれません。

コンサルタントとしてM&Aを専門に扱っている、しっかりとキャリアを積まれてきた方が在籍している、インターンが実務を担える、この3つをクリアしているインターンは当時、MAVIS以外に見つからなかったです。

営業のアポ取りを永遠にやらせたり、雑用チックな業務ばかりを投げられたりするのではなく、いわゆるアナリストのような仕事を任せてもらえそうだなという印象でした。

——M&Aには何がきっかけで興味を持ったのですか？

これはとてもミーハーな返しになりますが、単純にかっこよかったからですね。

M&Aは投資銀行が中心となって行われることが多いという認識は以前からありました。大きな意思決定を経て、たくさんのお金が動くということは、携わっている人もかなりの額がもらえるのではないかという考えです。いま思うと、だいぶふわっとしていますね。

——MAVISのインターン選考で印象に残っている出来事はありますか？

あります！　2次選考の課題提出の際に、田中さんとすごい回数のメールをしたことです。私のときは大手食品メーカーのM&A戦略を考えるというようなお題で、指針から1週間後が提出期限でした。その際に、田中さんをクライアントに見立て、クライアントの目線から解答してほしいとお願いをしました。

以降は提出日まで、ほぼ毎日、「このような仮説を持っているのですが、御社の認識としてはいかがでしょうか」という具合で質問をしていました。返信の指摘をもとに自分の考えをブラッシュアップできたことは今でも鮮明に覚えています。

一般論に即した返しではなく、クライアントは何を気にしているのかという視点からフィードバックをいただけたので、経営陣からの見え方も少し分かった気がしました。

インターン期間中

――MAVISに入社する前と後ではどのようなギャップがありましたか?

思っていたよりも裁量が大きかったことです。入社するまでは細切れのタスクを任されるものだとばかり思っていましたが、実際には真逆でした。コンサル1年目だと仮定しても、マネージャーがストーリーラインを区切り、「あとはここのパーツを当てはめるだけ！　そのパーツを探してきて！」といったテキストが飛んでくるのが普通だと思っていました。

しかし、入社してすぐに、パズルのピースどころかパズルの枠組みから作らなければいけないという状況になりました。「A社っていう海運会社のM&A戦略を出したいので、何か叩き台を考えて持ってきて」という具合でざっくりと切られたタスクを渡され、一生懸命考えた記憶があります。

抽象度の高いお題を論点設計から検討するのははじめてだったので、いいストレッチになりました。

――インターン期間中で印象に残っている出来事は何ですか？

私が提出したアウトプットに対し、厳しい指摘を交えながらも丁寧にフィードバックをしてもらったことです。

とある企業のコストカットについて、リサーチ情報や自分の意見をまとめ、10枚程度のスライドにして送りました。すると、Slackでいままでに見たこともないような長文が返ってきました。

結局、その後方針ががらっと変わり、私が書いたスライドはほとんど使われなかったのですが、この出来事で、上長が私を育てようとしてくれていることがよく分かりました。

もう少しプライベートな視点では、人のよさを強烈に感じる瞬間があったことです。当時の私は大阪在住で大阪の大学に通っており、関西に拠点を置いていました。リモートワークを交えつつも、シフトがあるときには極力、東京のオフィスで働くようにしていました。しかし、東京の拠点として住まわせてもらっていた友達の家を追い出されることになってしまい、住む場所がなくなる事態になってしまいました。このことを会社に相談すると、「うちに住んでいいよ、ウェルカム！」と言ってくださる社員の方がいました。

私自身の問題であることは重々承知なのですが、優しく受け入れてもらったことが嬉しく、人として尊敬できる方々が集まっているのかなと思いました。

――インターン期間中で大変だったことは何ですか？

右も左も分からずに業務がスタートしたことです。入社してすぐの時期が一番てんやわんやしていたと思います。

特に、何をするのが正しいのかが分からなかった、完成形のアウトプットイメージがつかめなかったことがきつかったです。

良い検討とは何か、良い提案とは何かが分かっていない状態で資料を作り続けるという生みの苦しみはありました。

コツをつかみはじめたのは、良いアウトプットが何なのかを知れる方法が取り込めるようになってからです。関わったタスクは自分が提出したものが採用されたか否かを問わず、最終形態、要はこれが答えだというものが共有されます。それを見て、学ぶ、まねることを繰り返すことで、だんだんとタスクを振られた段階から完成形をイメージできるようになりました。

間接的なフィードバックという言い方がしっくりくるかもしれません。実際には採用された、採用されなかったというような0か100かの結果ではなく、使われたものの一部仕様が変わっていたことが多かったと思います。

その際に、自分が提出した成果物と最終的にクライアントに提出された成果物を見比べ、差分は何なのか、何が評価され何が足りなかったのかを自分なりに考えていました。

――インターンと就活の両立はどのようにしていましたか?

私の場合は、長期インターンと就活を両方みっちりとやっていた時期がありました。両立といえるのかは少し懐疑的ですが、就活が立て込んでいたときはインターン先に事情を話し、就活を優先するようにはしていました。

就活のスケジュールを把握し、それをインターン先に事前に伝え、稼働できる程度を明確に示していました。シフトの融通がつきやすいことだけでなく、インターン先は就活を理解し応援してくれる職場環境であることが多いため、その点もとても助かりました。

長期でインターンをする学生は就活に本気で打ち込む傾向があるので、社員の方もそれを理解しようとする姿勢が強いのだと思います。

――就活のスケジュール感はどのような感じでしたか？

2年生の秋ぐらいから事前情報を集めはじめ、2年生の冬から3年生の春にかけて選抜コミュニティの選考を片っ端から受けました。

3年生の春から夏にかけて、選抜コミュニティの講座を受講しつつ、各企業の説明会に参加し、地ならしをしました。3年生の夏から冬にかけては、ジョブや本選考が続きました。この時期までは外資系のコンサルと外資系の投資銀行を中心に選考を受けました。

夏ジョブではベインアンドカンパニーやモルガンスタンレーなどに参加しました。3年生の冬以降は日系企業の就活がはじまったため、ギアを入れ直し、企業説明会やOB訪問、ジョブをこなしました。この時点で外資系戦略コンサルとしては珍しく、まだ選考を受け付けていたA.T.カーニーなども漏れなくエントリーするようにしていました。

冬ジョブでは日系の投資銀行を中心に受け、新卒で入社をすることになるメガバンクＩＢＤ部門の内定をいただきました。

終盤は総合商社と広告業界にシフトし、盛りだくさんの就活でした。ジョブ、本選考を合わせるとトータルで１００社以上は受けましたね。全ての就活が終わったのは4年生の春ごろなので、１年半以上就活をしていたことになります。

――就活ではたくさんの業界を見ていたようですが、どのような基準のもとでエントリーする企業を決めていましたか？

モテる企業はどこか、キラキラしている企業はどこかという着眼点だけで決めていました笑。就活は長らくすることになりましたが、さまざまな人と出会い、いろいろなことを考えることができたのでよい経験になったと思います。その結果、三菱商事が一番モテる企業だと個人的に結論づけることもできました。

インターン終了後

――インターン生活を通して得たことは何ですか？

コンサルタントとしての心得を学べました。

社員の方々は矜持がある人ばかりで、コンサルタントとしてどうあるべきかという軸を明確に定めながら働いているように見えました。社会人になる前にこれを間近で体現できたことがよかったと思っています。コンサルタントとしての在り方を自分なりに持たなければいけないことを実感できたのはすごく大きいことでした。

ExcelやPowerPointのスキルはその気になればいつからでも身につけることができますが、マインドセットは時間をかけて醸成させなければなりません。こういった考えも実際に近くで働いていなければ分からなかったことです。

それに、ツール面のスキルは企業によって細かいルールが異なるなど流動性がありますが、プロフェッショナルとしての矜持はどこで働いても変わらず、皆持っているはずです。

――ちなみに、Sさんにとってのコンサルタントとは何ですか？

クライアントに迎合しないことです！

クライアントがAと主張したからといって、「私もAだと思います。Aを実現しましょう」と言ってしまうのはコンサルタントではないです。

Aと言われたときに、「Bかもしれないですし、Cかもしれないですね。一緒に考えましょう」と言えるのがコンサルタントだと思います。

――インターン経験の中で就活に役に立ったことはありますか？

2つあります。

1つは履歴書に書けること、自信を持って語れることができたことです。ガクチカは就活で擦り切れるほど使うことになったので、自分の中でこれだ！と納得できる経験をそこに書くことができたのはよかったです。

もう1つは志望動機を明確にできることです。コンサルタントをうわべだけで調べている人よりも、働いたことのある人のほうが実際に何をやっているのかを理解することができます。内容も実務を目の当たりにしていた分、実際に何をするのか、何を求められているのかが分かっているので、説得力のある志望動機が書けます。経歴が盛れることと志望動機が深くなること、この2つに何度後援されたか分かりません。

――現在はどんな職務に当たっていますか？

現在はPE＝プライベートエクイティ[※19]と商社を専門とするコンサルタントとして、外資系戦略コンサルティング企業で働いています。

通常、新卒で入社をした場合は、業界やファンクションを決めずに配属がされるのですが、私の場合は中途だったので業界が決まっており、PEと商社の専門に振り分けられたかたちです。

具体的な業務内容としては、M&A関連のビジネスデューデリジェンスがメインです。これに関連して、PEが買った企業の戦略立案や今後どのようにして資金調達をしていくのか、どのような企業に投資していくのかといったファンド自体の戦略を考えることもあります。

新卒ではメガバンクのIBD部門でM&Aのアドバイザリーを担当していました。企業がM&Aをする際のバリュエーションやデューデリジェンス、契約書間のサポートなどが主なアドバイザリー業務でした。メガバンクのほうは1年半ほどで退職し、中途採用として現在の会社に転職しました。

――長期インターンを検討する学生に伝えたいことはありますか？

社会人が利害関係なしに包み隠さず、いろいろなことを教えてくださるのは自分が学生のうちだけです。その中でもインターンは懐に入る窓口として一番やりやすいことだと思います。

社会人になると肩書がつくこともあり、会いたい人に気軽に会いにくくなります。学生のときは、誰とでも会うことができ、大それたことをしてなくとも「学生なのに頑張っているね」と慕われやすいです。そういった人の懐に入れる期間は大学、大学院時代しかありません。一度懐に入って打ち解けてしまえば社会人になってからも交流が続いていきます。インターンはその理由づけとしてベストな環境です。

大学時代に、教育に興味があった時期がありました。日本の教育はいまどうなっているのだろう、どうしたらもっとよくなるのだろうと思慮した際に、「偉い人に聞きに行こう！」と思い立ち、文部科学省の次官に話を聞きに行ったことがありました。しかし、訳も分からず話を聞きに行ったところで、得られるものは限られ、深い関係を築くこともできませんでした。インターンでは共に働き、同じ時間を共有することで、「Sさんっていたな。そういえば最近何しているんだろう」と覚えてもらうことができ、卒業以降も続く関係性を築くことができます。

MAVISにフォーカスすると、プロフェッショナリズムを学べる場所の一言に尽きます。これからの世代はいま以上にプロフェッショナルでないと生きることが難しい時代になると思います。どんな仕事であれ、「自分は〇〇をしている人です」ということがいえるような人間でないと生きづらくなるはずです。料理人でもタクシードライバーでも、私はこれができますといえる人材でないといけないと思っています。

MAVISはM&A戦略コンサルティング企業として「私たちはプロの集団です」と表明し、それを実際にやっています。これは自分がコンサルタントになるかならないかという問題ではありません。今後プロとして生きていくことがどういうことかを学べる環境として適所だということです。

※19　プライベートエクイティ　未公開の企業や不動産に対して投資をするファンド

インターン生OB・OG③

プロフィール
- 外資系戦略コンサルティング企業勤務　M・Tさん
- 在籍していた学校：東京大学　経済学部
- MAVISでインターンを開始した時期：2021年8月、学部4年生のころ
- 現在の勤務先：外資系戦略コンサルティング企業

インターン開始前

――MAVISでインターンをはじめるまでは、どのような学生生活を送っていましたか？

勉強も勉強以外も幅広く活動し、バラエティに富んだ大学生活を送っていました。大学には理科Ⅱ類で入学したのですが、途中で文転をし、経済学部に所属していました。ゼミはマクロ経済学ゼミでした。ＥＳＧ投資のパフォーマンスを分析し、ＥＳＧ投資が株式市場においてどのくらいのリターンを見込めるのか、期間や対象企業の基準を変えて調べていました。「こういうＥＳＧ基準の投資だったら、このくらいのリターンが見込めそうだね」という

具合でグループでの議論も活用し、研究を進めていました。

このゼミとは他に、単位は出ないのですが自主的に参加している別のゼミもありました。貿易摩擦や日銀の金融政策など、政治っぽい話からごりごりの金融トピックまでジャンルレスに時事問題を取り上げ、メンバーとディスカッションをしていました。

学業以外では、アカペラに励みました。ハモネプで知られている、例の声だけで音楽をつくる活動です。東大のアカペラサークルは大規模で1学年に40～50人在籍し、私もそこで学部1年生から4年生までしっかりとサークルに打ち込みました。リードボーカルまたはコーラスのパートを担当し、学部時代には全国大会の決勝に出場したこともありました。

――そもそも長期インターンの存在を知ったのはいつでしたか？

存在を知ったのは学部2年生のころです。関心を持ちはじめたのも同じタイミングで、2年生の秋ぐらいでした。きっかけは完全に就活でしたね。当時は週5でアカペラをしていて、本当にそれだけしかやってこなかったので、「あ、やばい、就活のこと何も知らない」と思ったことが理由で、長期インターンを現実的に意識しはじめました。就活の話題作りみたいな感じです。そこからはすぐ行動に移し、2年生の12月から長期インターンをスタートしました。

――どのようなインターン変遷を歩んできましたか？　また、MAVISは何社目のインターンでしたか？

2年生の12月から始めたインターンが1社目で、MAVISは2社目の勤務先でした。

1社目のインターンは母体が業務コンサルの会社だったのですが、携わったのは新規事業の業務です。インターン生だけで新規事業を立ち上げてみよう！という少し変わった内容でした。新規事業とはいっても、ＡＩを絡めて何かをやりたいという社長の意向だけはあり、それ以外は自由に考えてやってくださいといったものでした。

当時はChatGPTなんてなかったので、企業ホームページのオペレーターアイコンを押すとチャットボットが出現し、質問に答えてくれるというサービスを製作、販売しました。ローコード開発のサービスを使い、販売先ごとにＵＩをカスタマイズするなどして徐々にかたちにしていきましたね。

製作後は電話で営業をかけ、訪問し、最終的には私立大学からの受注に成功しました。いまの仕事ではできないような経験ができ、目先の1円の売上をつくる難しさを知れたのでよかったです。1社目は就活と並行して1年半ほど勤め、MAVISには就活が終わった後に入社しました。

――２社目に就活後のインターン先として MAVIS を選んだ理由は何ですか？

社会人１年目でいいスタートダッシュを切るためです。MAVIS に入社した時点で、戦略コンサルに行くことは決まっていましたが、自分が素早くキャッチアップできるようなタイプだとは思っていませんでした。そういった気持ちから、早めに戦略コンサルの働き方を知りたいと思い、【戦略コンサル　インターン】と Google で調べたところ、MAVIS が出てきました。

長期インターン探しで〝戦略〟というワードにヒットするコンサルティング企業はあまり数が多くなかったこともあり、すぐに候補に挙がりました。新卒で入社する企業との親和性がありそうで、ほかのインターン生もいたので仲間づくりという意味合いでもいいのではないかと思い、応募しました。

ほかのインターン生はＭ＆Ａの軸で MAVIS に入社してくる人が多い印象でしたが、私の場合は戦略コンサルであることが真っ先にびびっときたポイントです。

――コンサルタントがいいと思った理由は何でしたか？

他業界に比べ、合理的な追求をしていることがストレスフリーだったからです。全ての意思決定が納得のいくものでないと前に進まないという構造が心地よいと感じました。

対比の例を出すと、広告の短期インターンに行った際に、５日間で〝クレヨンしんちゃんを盛り上げるアイディアを考えてください〟というようなお題を出されたことがあったのですが、そこでの感覚がコンサルのインターンとは真逆でした。

5日間という限られた時間だったこともあり、ほぼ寝ずに考えたものの、結局選ばれたアイディアは何がいいのか分からない、腑に落ちないものでした。それだけに、アイディアを出した学生たちも自分の意見を譲らないという構図が発生しました。私の中ではこれがすごくモヤっとする出来事として記憶に残っています。

逆にコンサルの選考を受けていると、この感覚はなく、妙なストレスを感じることがありませんでした。論理的で明白なストーリーや筋道を考えることを楽しいと思えたことが「コンサル、いいかも」と思ったトリガーです。この気持ちを経験するまでは、金融や広告、デベロッパーなどいろいろな業界を受けていました。

――MAVISのインターン選考で印象に残っている出来事はありますか?

当時の選考は本当にきつかったですね。書類選考、課題選考、面接とある中で、1番大変だったのは課題選考でした。何のお題だったか記憶は曖昧なのですが、何も分からないなりにPowerPointを作ってとりあえず提出をしました。

メールを見たときに、まずコメントが返ってきた時間とコメントの量にびっくりしましたね。深夜3時ぐらいの返信で、けちょんけちょんに指摘をされ、これはまずいなと思いました。返信を受けてからはなんとかその指摘に答えようと頑張りました。面接にて、「課題を通過して面接に来られる人は結構少ないから」と言われたことで、最後までちゃんと出しきる努力をして良かったと思えました。

インターン期間中

――MAVISに入社する前と後でギャップはありましたか？

インターンに任せてくれることが多いことです。建前だけのアナリストワークや作業だけの仕事ではなく、きちんと考えるということに対しての経験が積めたと思います。社員のコンセンサスは必要ですが、それ以外はインターンが主体となって回していくようなタスクもあり、ここまでやらせてくれるのかと思いましたね。

ほかには、社員の方々から「とにかくこの仕事が好き！」という心意気を感じたことです。熱量といいますか、社会人のパッション、バイタリティってすごいんだなと驚きました。

入社前はコンサルとはいえど、いまのご時世、割と緩く働いているのかと思っていましたが、全然そんなことはありませんでしたね。正直、いま勤めている戦略コンサルの8倍ぐらいは大変な気がします笑。

――インターン期間中で印象に残っている出来事は何ですか？

なんといっても、大手食品メーカーへの提案をほとんど全て受け持ち、最後までやりきったことです。クライアントや競合を含めた他企業の企業好感度データから、何か言えることはないか考えることがお題の内容でした。年齢や性別などさまざまな区分のあるデータを見たものの、データからの示唆出しが難しく、「これじゃなんも言えないよ……」となっていました。

何とかしてひねり出す時間がまたきつく、抽象的なところから方向性が決まるまでロジックを立てるのに苦労しました。1日中机で悩み、本当にこれでいいのか、他にはないのかと考え込んでいましたが、最終的には全てのPowerPointを自分で作成し、クライアントの前でプレゼン、質疑応答まで行えました。

田中さんから「98点ぐらいはいったんじゃない？」と評価をいただけたときは、やってきたことが報われた思いと重なり、嬉しさでいっぱいでしたね。これがMAVISを卒業する少し前の大仕事だったこともあり、うまくいって本当に良かったと思いました。

その後、クライアントの役員の方々とは食事に行ったりと、いまだに交流があることも喜ばしいことですね。

――インターン期間中に大変だった、つらかったことは何ですか？　また、どのようにしてそれを乗り越えましたか？

入社して数日のころに企業事例のリサーチをお願いされたことがありました。最初ということもあり、よく分からないまま仕事をしていたのですが、出来が期待値を下回りすぎてしまい、「このままだとちょっとまずいので、もう少しシフト入れたほうがいいですよ」みたいなことを言われたんですよね。

この連絡を受けたとき、「やばいところに来てしまったのではないか」と思いました。そこからは先輩インターンの働きぶりを参考に、目の前のことをひとつひとつしっかりこなしていくことで巻き返しを図りました。

コンサル業務は慣れの部分といいますか、体系化されているところもあると気がついたので、覚えていくべきことをちゃんと覚えることにも力を入れていました。

覚えることで、そのほかの考えるべきことに時間を使えるようになり、結果的に早くキャッチアップをすることができます。Office ツールを使う際に守らなければいけないことや、こういうときはこう考えるのが定説といった、聞けば分かるようなことはすぐに覚え、そこから先の勝負に持ち込むことで一定以上のバリューが出しやすくなりました。

――インターンと就活の両立はどのようにしていましたか？

就活中は週に2回、月に40～50時間ぐらいしか働いていなかったので、就活に合わせてインターンのシフトを少し減らしていたという状況でした。私が就活をした年はコロナ初年度でリモート就活の常識が生まれたタイミングでもあったので、特段、融通が利きやすかったです。それまでは、面接のたびにオフィスがある場所まで移動するといったスタイルでしたが、リモートに変わったことで、授業と授業の空きコマで面接を3件入れたりもしていました。このおかげで両立にはあまり苦労しなかった印象です。

――就活のスケジュール感はどのような感じでしたか？

就活対策を開始したのは3年生の4月です。リクルートのインターンにESを出したのが最初でした。その後、夏、秋、冬とBig4[※20]あたりの総合コンサルをメインに受け、いくつか内定をもらいました。この時期は、ケース面接なんてうまくできるわけない、戦略はどうせ無理だろうと思っていたので、戦略コンサルにはエントリーすらしていませんでした。

冬ごろからケース面接のある選考を受けはじめたところ、思いの外通るぞという感覚があり、戦略コンサルを視野に入れることにしました。３年生の2月に現在勤める戦略コンサルから内定をもらうことができ、コンサルの就活は一旦終えました。

そのほかに、興味のあったデベロッパーだけ最後にエントリーしてみようと思い、三菱地所と三井不動産を受けました。日系企業ということもあり、４年生の6月まで選考があったので、就活が全て終わったときは「長かった！　やりきった！」という気持ちが大きかったです。

インターン終了後

――インターン生活を通して得たことは何ですか？

「考え抜くことは普段案外できていない」という気づきを得ることができました。意思決定は自分の感覚に依存している部分が多い一方で、それは言語化されていないので、いざ説明してくださいといわれたらできないことのほうが多いです。知らず知らずのうちに飛躍した状態で理解してしまい、実際とは全然違うじゃないかなんてこともありました。

この気づきのおかげで、考え方の癖や感覚に依存している大雑把な部分があることを知ることができました。コンサルタントとして生きていくにあたり、この感覚をそのまま放置しておくのはよくないと思えたことがよかったです。

また、同世代で目線が近く、同じインターンを選んでいる価値観の近い人と知り合えたことで友達ができたことは、何よりも貴重でした。

似ているところはありつつもバラエティ豊かな人たちばかりだったので、共感できる部分と面白いなと思う部分の両方を感じとることができました。

いまとなっては日常的なコミュニティが勤め先のひとつにしかないこともあり、卒業した後も、OB・OG会やクライアントとの食事など、何かとお声がけいただけるようなつながりを得られたことが財産になっています。

――インターン経験の中で就活に役に立ったことはありますか？

就活で話せるエピソードができたことが一番大きかったです。入社をする時点で、「就活に取り込めるようなインターン生活にする」と明確に目的意識を持ち、成果を上げようとしたことが生きたと思います。

そのほかに、友達兼、就活仲間の存在ができたこともありがたかったです。私の場合は同じ学年でコンサルを受けている人がいたこともあり、一緒にケース面接の練習をしていました。結果、経験プラス仲間という点で、就活では結構なアドバンテージになったと思います。

――現在はどんな職務に当たっていますか？

２０２１年3月に大学を卒業し、現在は新卒2年目です。

新卒で外資系戦略コンサルティング企業に入り、現在も同じ会社で働いています。直近で担当している業務はデューデリジェンスです。ファンドではなく、事業会社が買収をするという少し特殊なデューデリジェンスになります。

本当に買っていいのか、買うべきなのかみたいな話を考えている最中です。海外案件でアメリカチームと合同で仕事をしているので、時差や言語まわりで大変なことはしばしばあります。いまのプロジェクトはこんな感じですが、もちろんデューデリジェンスだけをやっているわけではありません。少し前までは全くジャンルの違う案件に携わっていました。入社して1年4カ月、これまでにテーマを問わず、11個の案件にアサインさせてもらいました。

デューデリジェンスの案件は今回が初めてなので、常に新しいものを吸収できて飽きることがないですね。過去のプロジェクトでは、中期経営計画を策定したり、東南アジアでの新規事業を考えたり、消費者調査をしてブランドイメージがどのように変化したのかを見たりとさまざまでした。

――長期インターンを検討する学生に伝えたいことはありますか？

いま振り返ってもやらない手はないですね。自分がもし大学1年生に戻ったなら、1年生からやっているのではないかなと思います。インターンをやることで、自分が何をやりたいかを見つめ直すきっかけができます。こんなことに興味があるんだとか、こういう経験をしてみたいんだということが、いろいろな募集要項を見るだけでも何となく分かってくるようになるからです。

「将来絶対にやることはないけど、とりあえずこのバイトをしよう」ではなく、自分を見つめ直すチャンスを手に入れるきっかけとしてインターンを見てほしいと思います。

そして、実際に入社できたら、そこで得られる経験や仲間はとてもハイレベルなものになるはずです。仮になんか違うと思ったりやりたいことが変わったりすればやめることもできますし、ある意味それが最強だと思っています。新卒ではできないトライアンドエラーがたくさんできるので、活用してなんぼです。

※20　Big4　デロイトトーマツ、ＰｗＣ、ＫＰＭＧ、ＥＹの４つの会計事務所の総称。世界４大監査法人であるが、コンサル業などを含むグループ会社もまとめてBig4と呼ばれることが多い

インターン生OB・OG④

プロフィール

- 外資系金融企業勤務　S・Dさん
- 在籍していた学校：明治大学　経済学部
- MAVISでインターンを開始した時期：2021年1月、学部4年生のころ
- 現在の勤務先：外資系投資銀行（ブティック）

インターン開始前

――MAVISでインターンをはじめるまでは、どのような学生生活を送っていましたか？

大学でソフトテニス部に所属をしていたので、学業よりも部活という毎日を送っていました。大学は付属からそのまま進学し、ソフトテニスは高校のときから続けていたので、大学の部活もその延長で活動していました。

勉強面では、研究という研究はしていませんでしたが、ファイナンスを専攻し、国際金融論ゼミで学んでいました。

――そもそも長期インターンの存在を知ったのはいつでしたか？

インターン自体は就活をきっかけに知りました。就活の際に各社がイベント的に実施するインターンは、長くても2週間ほどの認識です。

当時、例外的に楽天が選考フローの一環としてサマーインターンと長期インターンを併用したインターンを開催していました。選考しながら職業体験もできるのなら一石二鳥だと思い、そこへの参加を決めました。就活を始めるまでは部活漬けの毎日を送っていたこともあり、周りの友達も部活を通じて仲良くなった人が多かったので、就活の時期までは何もやっていない人も結構いた気がします。

インターンの存在は知られつつあるけど、営業職のインターンがメインで、ファイナンスやテクノロジーに絡むなどプロフェッショナル職に近い職種でインターンをしている人はほとんどいませんでした。大学3年生になったタイミングでコロナが始まってしまったので、一番就活が忙しくなる時期に周りも含め、日常が一変してしまったことも影響しているかもしれません。

実際に私がMAVISに入社したのも2021年に入り、それまでよりコロナが少し落ち着いたころでした。

――MAVIS は何社目の長期インターンでしたか？

3社目のインターンです。1社目は楽天、2社目は ByteDance、3社目が MAVIS という変遷です。1社目は就活の選考を兼ねていたという動機が強く、2社目は周りにIT系を志望している人が多かったから自分も受けてみようというふわっとした理由からでした。

楽天では、食品飲料メーカーを中心に売っている楽天広告で投資対効果の分析をし、レポーティングする業務を担当していました。ByteDance では、自社で開発、運営をしている動画サービスの toB 向け営業をしていました。

――3社目のインターンで MAVIS を選んだ理由は何ですか？

話が少しずれてしまうかもしれませんが、MAVIS はインターン先として選んだというよりも就職先として良いなと思い見ていました。

MAVIS に来るまでに2社でインターンをした結果、中小企業の再構やM＆A関連の業務に興味があることに気がつきました。その中で、どのようなオプションがあるのかを考えたときに、仲介会社、ＦＡ、コンサル、投資銀行あたりが選択肢として挙がってきました。

MAVIS に応募をした時点で、M＆A仲介会社の日本M＆Aセンター、fundbook からは内定をいただいていましたが、自身のバックグラウンドと照らし合わせ、いま一度進路を考え直したことがありました。

親が会社経営をしているため、M&A仲介会社はしょっちゅう、「おたくの会社を売りませんか」との営業をうちにしてきていました。その影響から、M&Aの取っ掛かりとしては仲介会社が身近な存在としてありました。けれども、本当に良いM&Aは何なのか、真の意味で誰かのためになるとはどのようなことなのかを考えたところ、企業と企業のマッチングに意味を見いだす仲介会社ではなく、戦略とリンクするM&Aアドバイザーになることがベストなのではないかと思うようになりました。

――MAVISのインターン選考で印象に残っている出来事はありますか？

やっぱり、MAVIS選考の代名詞ともいえる課題のフローですね。私の場合は2回ひっかかってしまい、改めて提出することになったのですが、普通の会社ならただ落とせばいいだけのものを、細かくフィードバックをして返してくれたことが驚きでした。

抽象的なお題だったので、思いついた初動のイメージでばーっと作ってしまったのですが、そこが完全にミスだったと思います。フィードバックの文面、文字量からも大学で求められているレベルとは全然違うことを痛感しました。そこから再度考えるのは結構きつかったのですが、再提出をするまでの1週間と、面接に呼ばれた際に再提出した課題に対する良し悪しの評価はいまでもよく覚えています。

もともと仲介会社も含めて悩んでいた私としては、M＆A戦略への解像度が高まった瞬間でもありました。それが本当にお客さんのためになるのかなんてことはまだ分からなかったのですが、少なくともそれまで私が見ていたような会社と会社をひっつけるような一種の作業チックな枠組みとは世界観が違うように感じました。

インターン期間中

――MAVISに入社する前と後でギャップはありましたか？

人が良かったことですかね。入る前までは、戦略などの上流を扱うフェーズを専門にするコンサルであるほど、クールな人が多い印象がありました。実際は、仕事に対しては厳しいものの、関わる学生をただの労働力として見るのではなく、各人の成長やその先にある幸せを考えてくれているような気がしました。

インターンにどんなタスクを振るのか、それひとつを取っても、適切なタスクが何かを上司が考え、指示をくれている様子が伝わってきました。タスクだったら何でもかんでもお願いするのではなく、各人にとって意味のあるタスクであること、プロジェクトに寄与する内容であることの2つの軸から業務内容が決まっていく感じが素敵だなと思いました。

――インターン期間中で印象に残っている出来事は何ですか？

特定の出来事というよりも、日々の業務を通じてささいなことでも褒められた瞬間が嬉しかったことが印象に残っています。

上司に対し、何か新しい気づきを与えられたのではないかと思えたときは「頑張ってよかった」とダイレクトにやりがいを感じられました。本当に良いと思ったときにしか良いと言わない人が集まっているからこそ、少しでも褒められることが大きなエネルギーになりました。普通だったら、「まあまあいいね」と言われれば、まあまあか……となるところが、MAVISでは、まあまあいい＝かなり良いぐらいの温度感で捉えていました。それだけ褒めの一撃はすごかったです。

――インターン期間中に大変だった、つらかったことは何ですか？　また、どのようにしてそれを乗り越えましたか？

情報格差ですかね。そもそもどう考えるのだろうという切り口でさえ、「この類の問題は前にこう考えたから……」という具合で、一定の経験の上に進んでいくものもあると思っています。

当たり前ですが、入社した当時はそれらが全てゼロベースで、かつ学生だったため大変でした。上司が抱えている仕事は別にありますし、フィードバックをもらうようにしても毎日全てを見てもらうわけにはいかないので、限られた時間の中で何をどう伝えるのかに苦労しました。

解決できないことにぶち当たったときに、それが自身の思考力によるものなのか、経験によるものなのか分からなくなってしまうと、つらかったですね。そのときは悩み続けて、ある程度克服できるようになったときに振り返ってみてどうこう言えるだけで、当時何か対策を打って解決できましたというわけではなかったです。

ただ、フィードバックでは経験による差分と思われるような箇所はきちんと言語化されてアドバイスをもらえていたと思うので、細かくあれこれと言われているところこそ、丁寧に見るべきだったと思います。

――インターンと就活の両立はどのようにしていましたか？

自分は就活が終わった後にMAVISに入社し、MAVIS退社後に再び就活をするという少し特殊なパターンでした。なので、結果的に2回就活をしたことになります。

偶然にも就活とインターンが被ることはなかったので、両立はしなかった、していなかったという解答になりますね。

――就活のスケジュール感はどのような感じでしたか？

日本M&Aセンターやfundbookを受けはじめたのが3年生の12月、年をまたいで2月には内定をもらうことができました。それ以前は、楽天やByteDanceでのインターン経験のなごりから、IT系ばかりを受けていました。

3年生の秋ごろからM&A領域にフォーカスして就活を進め、1回目の就活が終わったという感じです。もともとM&Aに興味があったというのもありますが、出身が体育会系なこともあり、若いうちはガシガシと頑張って働きたいなと思っていたので、ゆったりまったりしていてホワイトすぎるIT企業は肌に合わないかもしれないとも感じていました。

2回目の就活は4年生の12月から1カ月半ほど行い、5年目の夏に海外大卒の人たちと交じって新卒で入社をしました。

インターン終了後

――インターン生活を通して得たことは何ですか？

逃げないで考えることですね。ちょっと難しい問題や抽象度の高い問題は20代の若いうちからたくさん出てくると思います。自分にとってそれが大変なことであっても、そういった問題から目を背けずにきちんと向き合う姿勢を学べました。

これについても、逃げないからといってただなんとなく過ごして時間が過ぎ去るのを待つのではなく、自分なりに考え抜き、意見を言うことで付加価値を出していくことが大切だと知りました。

そのほかに、自分の提供する時間で誰かに影響を与えるためにはどうしたら良いかを考える思考も芽生えました。インターン以前までは私欲が強く、常に自分にベクトルを向けて何をどうするか意思決定をしてきた生活だったように思います。それが、自分がどうありたいかを考えつつ、それと同時に相手に何を与えられるかも考えられるようになりました。

――インターン経験の中で就活に役に立ったことはありますか？

MAVISのインターンでは常にコンサルタントとやりとりをし、叱咤《しった》激励を受けることやぶつかり合うことが多かったので、面接でおじけづくことはなかったです。

インターンに参加した以降の選考では、未知のものだから相手のレベル感が分からず怖いという状況になることがありませんでした。コンサル業の人をはかる物差し、ビジネスマンをはかる物差しをもらえたように感じています。

ケース面接では、抽象度の高いお題に対してどのように解像度を上げていったのか、インターン時のコンサルワークを思い出して取り組むことができました。パっと振られたタスクがほぼケース問題！ということもしばしばあり、だいぶ免疫がついたのでケース面接のつらさは軽減されたように思います。

自分に振られた業務はもちろんですが、上司が何をどう見て自分を評価していたのかは、面接官の立場からどのように学生を評価するのかという点にリンクする箇所があると考え、ロジックの立て方や思考プロセスの伝え方を工夫しました。

自身でケース面接の対策をするとなるとただひたすら解く、そしてせいぜいそれを誰かに伝えてフィードバックをもらう程度で終わってしまうと思います。そうではなく、そもそもなぜこの問いを解かなければいけないのか、論点設計の観点を踏まえてお題と向き合うことができるようになったことは大きかったです。

同じように、市場規模を求めるにしても、インターンではクライアントがどういった意図でそれを依頼してきたのかまで見ることができるので、全てが意味付けされたものという点に手応えを感じていました。

――現在はどんな職務に当たっていますか？

リンカーンインターナショナルというブティック系の投資銀行で働いています。新卒ではP

りました。

ｗＣのＦＡＳに入社をし、１年半ほど在籍したのち、転職して現在の会社に勤めるはこびとな

ファイナンスの領域でファイナンシャルアドバイザーとしてキャリアを作りたいという側面と、MAVISで得たコンサルの面白さが絡むような領域でしっかりとクライアントワークにいそしみながらキャリアを作りたいという側面の２軸が生まれたことで、ＦＡＳという選択肢が浮上しました。

ＦＡＳでは事業再生のプロジェクトを半年ほど担当したのち、その後はモデリングチームで投資効率を求める業務を担当していました。モデリングチームでの業務は専門家チックな業務が多く、経営課題に深く入り込む再生系の面白さはあまり感じられませんでした。

さらに、事業再生領域のプロジェクトはアサインできる人数が限られていることもあり、携わり続けられる保証があまりありませんでした。そこで転職を考えはじめ、現在の会社に行き着いたという感じです。当時はクレディスイスがつぶれ、投資銀行の中でもブティック系しか人材を広く募集しておらず、ブティック系投資銀行を中心に次の勤務先を決めていきました。

——長期インターンを検討する学生に伝えたいことはありますか？

何事でも、未知のものと戦うのは結構大変なので、物差しを得ることが重要になってくると

思います。そして、物差しは短すぎると想定外のことが起きたときに測りきれないので、長い物差しを獲得したほうが良いです。

一方で、インターンとして採用を受け付けていて、かつ裁量権が大きい会社は限られているのが現状だと思います。企業選びの目を光らせて、学生をコマとする企業や搾取の多い企業ではなく、自分自身が一回りも二回りも大きくなれる組織を選べることがベストです。

終わりに

高校3年生の春休みから長期インターンをはじめ、2023年の10月をもって、MAVISでのインターン生活は4年目に突入しようとしている。右も左も分からずに勢いだけで飛び込んでしまった世界で、さまざまなバックグラウンドを持つ大学生と切磋琢磨し、忖度のないダメ出しや賞賛に揉まれながらインターン生活を送ってこられたことを嬉しく思う。

正直、入社当初はこんなに長く勤務することになるとは想像すらしていなかっただけに、MAVIS代表の田中から、「これまでのうちでのインターン生活を本にしてみませんか？」と声をかけていただいたときには、感慨深い気持ちになった。

振り返ってみれば、「やってやったぜ！」「これはかなりうまくいった！」と疑いなく思えることよりも、「今週中までに終わらせなければいけない仕事なのに、このペースでは終わらない、どうしよう……」「何時間考えても糸口が見つからない、まずい」と何かしらの懸念がある状況のほうが多かったように思う。

しかし、満足のいくインターンというのは、褒められることや嬉しいことだけを経験できる場所ではなく、さまざまな感情を抱きながら、適度なプレッシャーのもとで負荷に打ち勝ち、成長していく場所にこそ存在する。それだけに、当時は勢いだけが先行していたものの、いまとなってはインターンとして働くという決断は間違っていなかったといえる。

昔から夏休みの宿題はいつもぎりぎりで、テストは一夜漬け、休みの日はだらだらと過ごしてしまうことも多い私にとって、毎日のようにモチベーションを維持しながらタスクにあたるのは容易ではなかった。しかしだんだんと仕事が板についてくるようになってからは、「インターンって楽しい」と思えるようになった。

考えているだけではいつまでたってもモチベーションは湧いてこず、何か行動を起こし、その時間を充実させることができてはじめてモチベーションに火がつく。だからこそ、インターンをハードルの高いものとして捉えている学生や、就活に向けて何かをしなきゃと思っている学生、とにもかくにも時間をつくることができる学生は、あれこれと考えすぎる前にすぐにでもインターンの世界に飛び込んでみてほしい。

そして、学生の特権ともいえる「嫌だったらいつでもやめられるのだから大丈夫」という気楽な精神でマインドを補強しつつ、「この会社とこの上司のもとでなら成長できる」と思える会社に出会えたのであれば、多少大変なことがあっても一生懸命に働き続けてみてほしい。

最後に、本書を執筆するにあたって参考にしたMAVIS若手の十戒を次ページに載せておく。この考えは、インターンに限らず長い社会人生活の中で多いに役立つものだと確信している。読者の皆さまもぜひ取り入れてみてほしい。

本書の作成にあたり、MAVIS代表をはじめ、社員の皆さまには日々の実務を通じて終始適切なご指導を賜りました。

また、インターンOB・OGの皆さまからは多くの情報をご提供いただきました。厚く御礼申し上げます。

本書作成にあたり、ご助言、ご協力いただきました全ての方々に感謝の意を表し、謝辞とさせていただきます。

MAVIS PARTNERS株式会社トレーニー　トテ ジェニファー麻綾

MAVIS若手の十戒

①仕事をもらったら、〝GOLD〟を正しく把握し、全てクリアにしてから仕事に臨むこと。
Goal：目的、Output：成果物イメージ、Logic：検討手順、Delivery：納期

②仕事のはじめに、作業設計して、どれぐらい時間がかかりそうか上長に報告すること。
「そんなに時間かかるなら、それやらなくていいや」なんてザラにある。

③10分本気で考えて糸口が見つからなければ相談すること。（「悩む」と「考える」は違う）
相談は、ＭＴＧを企画して上長と〝議論〟すること。ダラダラ逐一質問するのは非効率。

④信頼されるまでは、しつこいと思われるぐらいの頻度で進捗報告すること。
上長からリマインドされたり、進捗確認されたりしたらＮＧ。巧遅拙速。骨子段階でＦＢをもらうのが肝。

⑤仕事の区切りがついたらＦＢを請うこと。
会社は学校ではないので、待っていても無駄。ＦＢは自分からお願いしてもらうもの。

⑥時間厳守。原則10分前行動。
メンバーが忘れていそうなら声を掛けること。上長がまだ動かないからいいやと思わない。

⑦Bad News はすぐ報告すること。
自分で何とかできそうかにかかわらずすぐ言うこと。嘘・取り繕い・分かったフリはＮＧ。

⑧即レス全レスを徹底すること。
「1時間後に回答します」「確認しました」でもいいから、全てのメールに即レスすること。

⑨若手だからと言って卑下しないこと、卑屈にならないこと。
卑下・卑屈は自分の期待値を下げる愚かな行為。謙虚とは違う。

⑩言い訳をしないこと。他責はNG。
うまくいかないとき、全責任は自分自身にある。

【おまけ】
調べたこと、聞いたこと、ＦＢされたこと、全てのインプットを1冊のノートに集約して日々見返すこと。

【著者紹介】
トテ ジェニファー麻綾

MAVIS PARTNERS 株式会社トレーニー
共立女子大学ビジネス学部４年
株式会社サイバーエージェント、株式会社キュービックにて WEB マーケティング、メディアの企画・運営のインターンに従事。その後、オフショア開発セールス事業、長期インターン斡旋事業での起業を経て MAVIS PARTNERS 株式会社にインターンとして入社。就活では外資系金融、外資系 IT 企業を中心にインターン（ジョブ）に参加し、うち複数社から内定を得た。

本書の内容に関して、ご質問等あれば、下記までお問い合わせください。
MAVIS PARTNERS 株式会社　https://mavispartners.co.jp/
お問い合わせ先　info@mavispartners.co.jp

学生がキャリアアップするための
インターンシップ活用術

2023年11月20日　初版発行

著　者　トテ ジェニファー麻綾
発行者　野村直克
発行所　総合法令出版株式会社
〒103-0001 東京都中央区日本橋小伝馬町 15-18
EDGE 小伝馬町ビル 9 階
電話　03-5623-5121
印刷・製本　中央精版印刷株式会社

ISBN 978-4-86280-924-7
総合法令出版ホームページ　http://www.horei.com/